은혜의 길, 은혜의 삶

-인생 전반 평신도 사역자, 인생 후반 시니어 선교사

은혜의 길, 은혜의 삶

-인생 전반 평신도 사역자, 인생 후반 시니어 선교사

초판 1쇄 인쇄 2025년 12월 25일

지은이 이상훈
발행인 김용성
기획편집 박찬익
디자인 이순열
제　작 정준용

펴낸곳 요단출판사
등 록 1973.8.23. 제13-10호
주 소 07238) 서울특별시 영등포구 국회대로 76길 10
기 획 (02)2643-9155
보 급 (02)2643-7290 Fax(02)2643-1877
요단기독교서적 교회용품센터 (02)593-8715
대전침례회서관 (042)256-2109

값 15,000원

ISBN 978-89-350-2023-2(03230)

인생 전반 평신도 사역자, 인생 후반 시니어 선교사

은혜의 길, 은혜의 삶

이상훈 지음

90년의 세월,
순종과 은혜가 나를 이끌었다

이동원 목사 추천

요단
JORDAN PRESS

감사의 글로 장식한 서론

"사람이 마음으로 자기의 길을 계획할지라도 그의 걸음을 인도하시는 이는 여호와시니라"(잠 16:9)

나의 지난 긴 세월을 뒤 돌아보면 나는 여러가지를 계획하고 시행하기위해 노력했지만 실제로 그 걸음을 인도해 주시고 성취하게 해 주신 분은 신실하신 우리 주님이셨음을 고백하며 감사한다. 모든 것이 하나님의 은혜의 길이요 삶이었다고 고백하며 바울 사도가 "내가 나 된 것은 하나님의 은혜"(고전 15:10)라고 고백한 말씀에 전적으로 공감하며 감사한다.

산과 들과 하늘만 보이는 예산군 대술의 한 촌에서 자란 후, 서울에서 대학과 청년기를 지내고 세계의 수도라고 할 수 있는 미국의 수도 워싱턴 지역에서 살 수 있는 특권을 누리며 살았다. 65세 은퇴 후에는 선교사로 우리 조상들의 얼이 숨어 있는 연변 땅에서 그들의 후손들인 대학생들을 가르쳤고, 강 건너 배고픔에 어려움을 겪고 있는 북쪽 동족들과 특별히 어린이들을 도우며 사역할 수 있었다. 함부로 넘나들 수 없는 북한의 여러 지역을 수십 번을 드나들면서 크고 작은 어려움들도 있었고, 동역자들이 북한에 억류되는 일도 있었지만, 먹을 것과 입을 것을 조금이라도 더 전달하고픈 수많은 후원자들의 기도와 후원으로 감당하였음을 고백한다. 그러나 그들에게 복음을 직접 전할 수 없는 안타까움이 있었다. 그래서 나는 다음과 같은 기도를 하면서 다녔다.

> "오늘도 내가 만나는 사람들에게 내 몸에서 그리스도의 향기를 풍기게 하소서(고후2:14-16). 또 만나는 사람들에게 그리스도의 사랑의 편지로 읽혀지게 하소서(고후3:2,3). 그리고 그리스도의 대사로 하나님을 모르는 이 땅의 형제 자매들에게 하나님과 화목하게 하는 직분을 감당하는 주님의 대사로 쓰임 받게 하소서(고후5:18-20)."

비록 지금은 인생의 순리대로 힘없는 노년의 삶을 살고 있지만, 매일 매일 북한과 조국의 통일과 복음화를 위해서 끊이지 않고 기도하고 있다. 어쩌면 이 책은 그동안 우리 가정과 사역을 위해 기도하고, 중국과 북한을 도왔던 수많은 후원자들에게 보고하는 사역 보고서일 수 있다.

처음에는 이 책을 집필하면서 많은 망설임이 있었다. 우리가 자라나던 시대에는 읽을 만한 책들이 귀하였지만, 요즈음에는 읽을 책들이 넘쳐나는데 책을 하나 더 쓴다는 것은 별로 의미가 없고 오히려

공해가 되지 않을까 생각하고 한동안 포기했었다. 하지만 많은 후원자들이 함께 한 사역이기에, 또한 누군가 한 사람이라도, 이 책을 통해서 하나님의 신실하심과 은혜와 축복을 느끼고 도전을 받을 수 있다면, 그것으로 충분하리라는 생각에 집필을 하였다.

"너희는 그 은혜에 의하여 믿음으로 말미암아 구원을 받았으니 이것은 너희에게서 난 것이 아니요 하나님의 선물이라 행위에서 난 것이 아니니 이는 누구든지 자랑하지 못하게 함이라"(엡2:8-9)

탈고를 하면서 나의 인생을 되돌아보게 되었다. 수많은 사역들과 수많은 사건들이 있었지만, 무엇보다도 나의 인생을 아름답게 수놓아준 많은 동역자들에게 감사하고 싶다.

평생을 함께 해준 나의 영원한 동반자 아내에게 가장 감사하다. 곱디 고운 얼굴에 주름살이 가득해졌지만, 그녀의 온화한 미소와 사랑은 전혀 가려지지 않았고, 지금도 내 옆에서 늘 기도하는 동역자이다. 거듭 아내에게 사랑의 마음을 전한다. 또한 부모의 역할이 많이 부족했음에도 불구하고, 두 아들이 믿음으로 자라 주님의 종으로 쓰임 받을 수 있어서 감사하다. 두 아들, Sam목사 부부와 David 선교사 부부 그리고 손주들, Joshua, Nathan, Karis, Hesed, Caleb, Josiah에게 사랑과 축복을 전한다.

"오직 성령이 너희에게 임하시면 너희가 권능을 받고 예루살렘과 온 유대와 사마리아와 땅 끝까지 이르러 내 증인이 되리라"(행1:8)

하나님께서는 우리 부부가 믿음의 삶을 살아가면서, 많은 신실한 사람들을 만나게 하셨고, 공동체를 이루게 하셨다. 특히 젊은 시절 하나님의 대학 숭실대학에서 아내를 만나고 구원의 확신과 삶의 방향을 바로잡을 수 있었고, 워싱턴 지구촌교회의 창립에 참여하고 예배 드리고 이웃을 섬기며 영적으로 성장할 수 있었다. 지구촌교회의 참으로 많은 신실한 동역자들과 숭실대학의 은사님들과 교회의 모든 사역자님들에게 감사를 드린다. 그리고 우리 부부가 선교사로 헌신할 수 있도록 기회를 주고 지원해 주신 침례 교단 국제선교부에 깊은 감사를 드린다.

선교지에서 한 팀을 이루어 북쪽의 동족을 위해 기도하며 동거 동락한 동역자들과 지금까지도 사랑과 기도로 함께하고 있는 김동구 박사 부부에게 늘 감사의 마음을 가지고 있다. 북한 어린이들과 고아원 사역을 위해 수많은 사람들과 교회들이 지원해 주었다. 특별히 한국의 사랑의교회, 소망교회, 한국 지구촌교회, 예수소망교회, 춘천 한마음교회, 뉴저지 휄로우쉽교회와 E-Land, Feed The Children에게 감사를 드린다.

우리들이 선교지에서 만나 양육한 신실한 제자, 조오 부부는 우리의 뒤를 이어 현재 선교지에서 헌신하고 있으며 하나님의 축복을 전한다. 또한 우리 부부가 후원자들과 후원 교회들을 방문하기 위해 서울을 방문할 때 마다 섬겨준 후원회 사무실 이재상 실장과 스탭들, 그리고 제자 박종진 교수 부부를 비롯해, 늘 친절하게 안내와 중간 역할을 해 준 GMN의 서미현 과장, 사랑하는 아우 이상돈 장로 부부와 처제 박혜원 권사 부부에게도 감사와 축복의 마음을 전한다.

그 외에도 이름을 다 기억할 수 없는 많은 교회들과 성도들의 기도와 헌금이 있었다. 여러분들의 기도와 도움, 협력이 없이는 아무것도 할 수 없었을 것이다. 이제는 거리적으로 인해, 삶과 죽음의 장벽으로 인해 만날 수 없는 수많은 분들이 계시다. 그래도 지면으로나마 모든 분들에게 주님께 배운 사랑으로 감사드린다. 덧붙여 저의 삶을 책으로 알릴 수 있도록 많은 도움을 주신, 요담출판사의 박찬익 목사님을 비롯한 출판사의 모든 수고하시는 선생님들에게도 감사의 마음을 드린다.

마지막으로 늘 우리 가정을, 아낌없는 사랑과 격려와 기도로 함께 해 주신 이동원 목사님과 우명자 사모님께 큰 감사를 드린다. 참으로 함께 했던 워싱턴 지구촌교회의 추억이 더욱 그립다. 또 북한 동포를 사랑하며 남북통일과 복음화를 위해 헌신하시며 늘 격려와 사랑으로 함께 해 주신 문대연 박사님과 신학교 마지막 과정에 사랑과 격려로 함께 해 주신 Gateway Seminary의 길영환 박사님께 감사를 드린다. 그리고 함께 북한과 중국을 위해서 사역했던 김진경 총장님 내외분에게도 감사를 드린다. 지난 16년동안 사역지에서 동고동락한 모든 과기대의 가족들과 제자들이 그립다.

바쁘신 중에도 분에 넘치는 추천의 글을 써 주신 이동원 목사님, 박승진 목사님, 박성근 목사님, 이현모 교수님, 김경섭 목사님, 김우준 목사님께 심심한 감사를 드린다. 본래 글 쓰는 탤런트가 없는 사람이 기억을 더듬어 옛 자료들을 들추어 보며 쓰다 보니 부족한 부분이 너무도 많다고 느껴진다.

특별히 나의 사랑하는 후배 동역자이며 이 책이 나오기까지 격려하고 원고를 교정하며 수고를 아끼지 아니한 교수이며, 목사인 백시현 선교사의 노고에 깊은 감사를 드린다.

허물 많고 부족한 나를 하나님의 은혜로 구원해 주시고 여기까지 인도해 주신 하나님께 모든 영광과 존귀를 올려 드린다.

2025년 늦은 가을 어느 날 아침

태평양의 푸른 바닷가 실 비취 우거에서 이상훈 드림

추천사

사랑을 배웠습니다.

위 책 제목은 이상훈 선교사님 제자가 한 말입니다.

"선생님에게 사랑을 배웠습니다"라고 말입니다.

이상훈, 이혜실 선교사님에게 가장 적절한 헌사일 듯싶습니다.

두 분은 성경적 사랑을 실천한 인생을 사신 분들입니다.

저의 담임 목회 40년에 가장 기억되는 분들이 바로 두 분, 특히 이상훈 선교사님이십니다.

워싱턴 지구촌교회 10년 목회를 회고해 보면 정말 행복했던 목회임을 되돌아보게 됩니다.

모든 사소한 행정을 다 이상훈 선교사님에게 맡기고 저는 설교와 교육에만 열중했던 시절로 회고가 됩니다.

〈믿을만한 평신도 지도자〉의 표상이셨습니다.

교우들은 저 이상으로 선교사님을 믿고 따랐습니다.

"은퇴 이후는 선교사로 섬기심이 어떨까요?"

지나가는 말로 한 듯한데 정말 그렇게 하셨습니다. 그리고 모든 것을 정리하고 연변으로 날아가 사셨습니다.

YUST 학생들에게 모든 사랑을 붓고 사셨습니다.

그리고 제자들은 말합니다.

"우리는 그 분에게 사랑을 배웠습니다"라고 말입니다.

그러면 충분한 것 아닙니까?

우리는 주님의 사랑에 빚지고 그 사랑에 응답하는 인생이니까!

우리 모두 그 사랑을 배울 수 있기를 기도합니다.

사랑에 빚진 자,

이동원 목사 드림

추천사

하나님의 사람, 이상훈 선교사님은 평생을 '믿음의 순종'으로 살아오신 분입니다.

선교사님은 일제 강점기와 한국전쟁을 거치며 고난 속에서 성장하셨으나, 신앙의 중요성을 깨닫고 하나님의 부르심을 의식하며 평생을 믿음으로 살아오셨습니다.

선교사님의 생애는 한 개인의 신앙사가 아니라, 하나님께서 한 사람을 통해 이 땅을 변화시키시고 열방 가운데 일하신 살아 있는 간증입니다.

한국전쟁의 폐허 속에서 신앙의 뿌리를 내리고, 미국 이민 사회에서 교회를 세우며, 북한과 중국 땅에서 복음을 전하신 선교사님의 삶은 마치 성경의 사도행전이 오늘날 다시 쓰이는 듯한 깊은 감동을 줍니다.

선교사님은 직업인으로서도, 평신도 지도자로서도, 그리고 선교사로서도 "하나님의 나라와 의를 먼저 구하는 삶"을 실천하신 분입니다. 자서전 속에서 우리는 하나님께서 한 사람을 통해 세대와 민족, 대륙을 잇는 선교의 통로로 일하셨음을 보게 됩니다.

선교사님께서 믿음 위에 세우신 교회와 단체, 장학사업, 북한과 중국에서의 섬김은 모두 복음의 실제적 열매입니다.

특히 90세의 연세에도 "나의 나 된 것은 하나님의 은혜임을 고백하며, 선한 싸움을 끝까지 싸우고 믿음을 지키고자 하는" 선교사님의 모습은 모든 신앙인에게 큰 도전과 감동을 줍니다.

이 책은 단순한 회고록이 아니라, 한 평생을 통해 증언된 하나님의 신실하심에 대한 찬송입니다.

이상훈 선교사님께서 고백하신 대로, 젊은 시절의 고난과 교회의 부흥, 자녀들의 헌신, 북한과 중국 선교 등 모든 여정 속에는 하나님의 손길이 있었습니다.

이 책을 통해 우리의 삶 속에서도 동일한 하나님의 선하신 인도하심을 감사로 고백하며, 이상훈 선교사님의 삶을 본받아 다시금 믿음의 본을 배우고 하나님 나라를 향한 소명을 새롭게 붙드는 은혜가 있기를 소망합니다.

워싱턴지구촌교회 **박승진 목사**

추천사

복음에 관해서 말하는 사람들은 많지만, 복음을 삶으로 살아내는 사람은 많지 않습니다. 제가 만났던 이상훈 선교사님은 복음의 삶을 실천하신 분입니다.

제가 처음 이선교사님을 만난 것은 1990년 워싱톤 지역에 집회를 인도하려 갔을 때였습니다. 그땐 워싱톤 지구촌교회를 섬기는 평신도이셨습니다. 그 분의 첫째 아들 샘(Sam)목사님이 제가 섬기는 교회 영어부 사역자였기에 인사차 만나게 된 것이었습니다. 선교사님은 너무나 온화하셨고, 신앙의 깊이가 느껴졌습니다. 복음을 사랑하시고, 복음에 모든 것을 거시는 모습을 보고 큰 도전을 받았습니다.

결국, 은퇴 후 선교사가 되셔서 중국 땅으로 가셨습니다. 연변과 기대의 모든 것을 총괄하시며, 그 땅의 청년들 가슴에 복음의 씨를 뿌리셨습니다. 그분의 사역은 순전했고, 헌신적이었으며, 건강한 열매가 있었습니다. 많은 동료 선교사에게 귀감이 되었고, 지금도 그 열매가 계속되고 있습니다.

이런 삶을 살아오신 분이 자신의 발자취를 담은 책을 출간하셨으니, 너무나 감사할 일입니다. 책 속에 담긴 주님을 향한 사랑과 하나님 나라를 위한 열정이 많은 사람에게 읽히면 좋겠습니다. 그리해서, 복음의 진보를 이루는데 이 책이 쓰임 받길 기도합니다.

남가주 새누리교회 **박성근 목사**

추천사

이상훈 선교사님을 처음 뵌 것은 두 아들이 신학공부를 하고 있던 텍사스를 방문하셨을 때였던 것으로 기억합니다. 떠나시기 전 두 아들에게 말씀으로 진지하게 권면하시던 모습은 그 이후로 저에게 지워지지 않는 큰 도전이었습니다. 그 후, 저는 그분이 많은 사역을 진실하고 성실하게 감당하시는 모습을 오랫동안 멀리서 지켜보았습니다. 그분은 제게 너무나도 귀한 삶의 모범이 되어 주신 분이었습니다. 이번 90년의 삶을 돌아보시며 쓰신 글을 읽으며 새로운 도전을 받습니다.

이 책은 단순히 한 개인의 자서전을 넘어서, 하나님께 온전히 헌신된 한 생애가 어떻게 한국과 현지, 세계를 아우르는 선교적 열매를 맺을 수 있는지를 여실히 보여줍니다. 어려운 시대에 하나님을 만나 신앙을 지키시고, 여러가지 시련과 환경 속에서도 성실하게 자신의 길을 걸으며, 구체적으로 하나님이 주신 비전과 은혜를 붙잡고 살아오신 삶은, 세속화되기 쉬운 오늘날의 신앙인들에게 신앙의 본질과 소명을 다시금 돌아보게 합니다. 특히 진실된 삶과 행동, 지속적 순종으로 신앙을 증명하신 모습은 커다란 도전입니다.

이 책에는 평범한 한 신자가 어떻게 거대한 선교적 사명과 사회 변화의 도구로 쓰임 받을 수 있었는지, 그 과정이 섬세하게 서술되어 있습니다. 미국 이민 시절 겪은 여러 어려움 속에서도 교회개척, 봉사, 그리고 국제적 리더십을 발휘한 일화들은 하나님 중심의 성공이 무엇인지를 잘 보여줍니다. 인생의 중요한 굴곡마다 "하나님이 원하신다"는 확신과 기도와 실천으로 길을 닦아온 저자의 리더십은 모든 교회 지도자와 신앙인들, 특별히 다음 세대를 이끌어갈 청년들에게 귀감이 됩니다.

이 책에서 가장 크게 배울 점은 '말에 그치지 않는 실천'입니다. 저자는 자신의 시간, 재능, 심지어 생명까지 아낌없이 하나님과 이웃을 위해 드렸습니다. 교회와 선교, 교육, 구제, 다문화 사역에 이르기까지, 그의 손길과 헌신이 닿지 않은 곳이 없을 정도입니다. 장소와 시간을 초월해 곳곳에서 영향력을 발휘한 그 발걸음은 "섬김이 곧 예배"임을 증명해 주고 있습니다.

이 책을 읽는 독자 여러분께 꼭 권하고 싶습니다. 저자가 걸어온 좁은 길, 깊은 순종의 여정은 단순하게 흉내 낼 수 있는 것이 아닙니다. 오랜 인내 속에 쌓아온 믿음, 기도, 섬김, 그리고 시대와 문화를 넘나드는 비전을 배워 마음에 새기면 좋겠습니다. 가정과 교회, 직장과 선교지에서 고민과 갈등을 겪는 이들에게 이 책은 새로운 방향을 제시할 것입니다. '오늘, 여기'에서 시작되는 작은 순종이 내일 하나님 나라를 이루는 큰 밑거름이 됨을 저자의 삶이 증거하고 있기 때문입니다. '인생의 목적'과 '진정한 성공'의 의미를 찾고 싶은 모든 분께 기꺼이 권하고 싶은 책입니다.

한국침례신학대학교 **이현모 명예교수**(선교학)

추천사

예수의 향기를 품은 믿음의 사람, 이상훈 선교사님!

이상훈 선교사님은 인생의 아흔 해를 걸어오시면서도 여전히 복음의 길을 아름답게 걷고 계신 분입니다. 90세의 연세에도 매일 사모님과 함께(?) 체육관에서 운동하시며, 하나님께서 주신 몸과 마음을 부지런히 관리하고 계십니다. 그 모습 속에서 저는 "주의 성실하심이 아침마다 새롭도다"라는 말씀을 떠올립니다. 한마디로 하루하루를 믿음으로 세우며, 생명 있는 신앙으로 살아가시는 분이십니다.

선교사님과 대화를 나누다 보면 언제나 마음이 따뜻해집니다. 그분의 말에는 부드러움이 있고, 행동에는 예의가 있으며, 영혼에는 예수님의 향기가 묻어 있습니다. 교회 안팎에서 선교사님은 그리스도의 성품을 닮은 사람으로, 언제나 주변에 선한 영향력을 흘려보내고 계십니다. 그분의 한마디 위로, 한 번의 미소, 한 번의 기도가 누군가의 마음을 회복시키는 은혜의 통로가 됩니다.

이상훈 선교사님은 단지 복음을 전하신 분이 아니라, 복음으로 살아오신 분입니다. 그분의 삶은 설교보다 강한 복음의 메시지이며, 그분의 인격은 신앙의 교과서와 같습니다. 그분 곁에 있으면 누구나 예수님을 더 사랑하고 싶어집니다.

무엇보다 저는 이런 귀하신 분과 함께 한 교회를 세워가고 있음에 깊은 감사를 드립니다. 선교사님의 존재 자체가 제가 섬기는 오렌지카운티 영락교회의 큰 기둥이며, 신앙의 유산이자 영적 자산입니다. 그분을 통해 저는 "믿음의 선배 한 분이 한 세대를 세운다"는 진리를 보게 됩니다. 그분의 삶이 우리 교회와 다음 세대에 흘러가, 주님의 향기로운 복음의 전통으로 이어지리라 확신합니다.

이상훈 선교사님의 자서전은 단지 한 사람의 인생 기록이 아니라, 하나님께서 한 사람의 생애를 통해 이루신 은혜의 역사이기에 많은 사람에게 도전과 감동이 되기를 바랍니다.

이상훈 선교사님은 믿음의 본이요, 사랑의 향기를 품은 주님의 사람이십니다.

기쁨과 존경의 마음으로 이 책을 추천합니다.

오렌지카운티 영락교회 **김경섭 목사**

추천사

우리는 어떻게 일상생활에서 복음을 살아낼 수 있을까요?

이 질문에 대한 답을 삶으로 녹여내는 것이 모든 그리스도인들에게 주어지는 과제이자 특권입니다. 복음에 합당한 삶에 대해 설교를 하고 강의를 할 수는 있지만 직접 삶으로 보여주는 것은 결코 쉽지 않습니다. 만일 누군가가 복음에 합당한 삶을 살고 있는 성도를 추천해달라고 한다면 아마도 대부분의 사람들은 깊은 고민에 빠질 것입니다. 그런 분들에게 저는 이 책을 추천해드리고 싶습니다.

이상훈 선교사님이 안수집사로, 선교사로, 대학 교수로, 그리고 무엇보다 그리스도인으로서 얼마나 신실하게 그리고 열정적으로 살아오셨는지를 잘 알기에 선교사님의 자서전 출판을 진심으로 기쁘게 생각합니다. 교회의 안수집사로 섬기실 때도 목회자와 모든 성도의 존경을 받으셨고, 선교사로 사역하실 때도 모든 선교사들의 본이 되셨으며, 은퇴하신 후에도 평생 학습자로 다음 세대에게 도전이 되는 분이기에 이 책을 모든 그리스도인들에게 추천하고 싶습니다.

이 자서전은 "어떻게 복음을 살아낼 수 있을까?"라는 물음에 대한 명쾌한 답입니다. 한국, 미국, 북한, 중국을 넘나들며 펼쳐지는 하나님의 드라마를 통해 오늘도 복음의 삶으로 초청하시는 하나님의 숨결을 느낄 수 있는 삶의 간증입니다. 삶의 순간 순간 마다 하나님의 말씀과 부르심에 어떻게 순종했는지 그리고 그 순종의 발걸음을 하나님께서 어떻게 인도해 주셨는지에 대한 생생한 간증을 읽으며 모든 독자들이 삶에서 드러나는 복음의 능력을 볼 수 있기를 바랍니다.

무엇보다 모든 독자들이 그 멋진 여정에 동참할 수 있게 되기를 간절히 기도합니다.

한국 지구촌교회 **김우준 목사**

Contents

1.
어린시절과 성장과정

우리의 연수가 칠십이요 강건하면 팔십이라도 그 연수의 자랑은 수고와 슬픔뿐이요 신속히 가니 우리가 날아가나이다 _ 시 90:10

시편 기자는 우리의 수명이 70세이고, 건강하면 80세까지도 가능하지만 결코 긴 시간이 아니라 날아가듯이 빨리 지나간다고 고백한다. 나는 이제 90살을 넘겼다. 뒤돌아보니 시편 기자의 말처럼 날아가듯 순식간에 지나간 시간이었다. 바울 사도는 그의 삶을 돌아보며 "내가 나 된 것은… 오직 나와 함께하신 하나님의 은혜다"(고전 15:10)라고 고백한다. 나 역시도 그런 고백을 하고 싶다. 빠르게 지난 세월을 되돌아보면 자랑스럽고 보람된 일보다 부족하고 후회스러운 일들이 더 많이 떠오른다. 그럼에도 오늘의 나를 있게 하신 것은 전적인 하나님의 은혜이며 축복이었다. 진심으로 주님께 감사드린다.

나의 가족 소개를 하려면 구한말까지 거슬러 올라간다. 박물관이나 역사책에나 나올 법한 이야기이지만, 돌아보면 하나님의 큰 은혜를 다시 생각하게 된다. 나의 고향은 충청남도 예산군 대술면인데, 시쳇말로 완전히 깡촌이다. 당시는 대도시를 제외하고는 대부분의 시골이 고립되다시피 한 깡촌이었다. 내가 살던 집은 'ㄷ'자형 한옥으로 안채와 사랑채, 그 사이에 대청이 있었다. 대청 한쪽 벽에는 조상들의 위패를 모셔둔 사당이 있었는데, 평소에는 거실로 사용하는 비교적 큰 집이었다. 아버지는 마을 이장도 하시고 대술면 면장도 하셨는데, 마당이 넓은 우리 집이 마을 모임에 주로 사용됐다.

뒷동산 진달래꽃과 할미꽃이 유명한 내 고향은 가을이면 황금색으로 누렇게 익은 벼 이삭이 논을 장식했다. 우리 집 주변은 개나리와 살구꽃이 피고, 곳곳에 감과 대추, 밤 등 각종 과일이 풍성한 정겨운 마을이었다. 누가 일부러 심지도 않았는데도 형형색색 꽃들이 산마다 가득했고, 산바람과 들바람이 무더운 여름을 쫓아버리는 곳이었다. 내 기억 속 고향은 이원수 작사, 홍난파 작곡의 동요 〈고향의 봄〉에서 그려진 곳인 셈이다.

"나의 살던 고향은 꽃피는 산골
복숭아꽃 살구꽃 아기 진달래
울긋불긋 꽃 대궐 차리 인 동네
그 속에서 놀던 때가 그립습니다"

나는 전통적인 유교 가문의 종가 집 장남으로 태어났다. 수염을 풍성히 기르셨던 할아버지는 아들이 없어서 조카, 즉 작은 할아버지의 맏아들을 입양했는데, 그분이 나의 아버지다. 이는 '조선판 고엘 제도'라 하겠다. 그러나 어머니는 아들 없이 딸만 셋을 낳았고, 이로 인해 큰 실망과 좌절감에 빠졌다. 이 때문에 집안 어른들은 종가집의 대를 이어야 한다며 아버지에게 다른 여인을 소개했다. 어머니의 삶은 아들을 갖지 못한 자격지심에 자신의 첩 하갈을 남편에게 바친 아브라함의 아내 사라의 인생과 무척이나 닮았다. 감사하게도 사라가 뒤늦게 이삭을 허락받았듯이, 어머니도 나를 낳았다. 그래서 자연스럽게 나는 어려서부터 매우 귀한 아들로 대접받으며 성장했다. 이를 시기한 탓일까? 아들을 얻기 위해 들어오신 나의 작은 어머니도 아들 셋과 딸 둘을 출산했다. 나의 친어머니도 마지막으로 둘째 아들을 더 낳았다. 그 결과 나에게는 친어머니가 낳은 딸 셋, 아들 형제 그리고 작은 어머니가 낳은 세 명의 남동생과 두 명의 여동생이 있다. 야곱의 대가족에 못지않게, 나의 부모님은 10명의 자녀를 낳은 것이다.

어머니는 성품이 착하셨고 가정의 화목을 위해 애썼기에 작은 어머니와 그 자녀들도 잘 대해주었다. 다행히 작은 어머니 역시 좋은 분이었고, 우리 친형제자매를 정성껏 잘 대해 주셨다. 할머니는 작은 어머니의 자녀들을 차별했지만, 나에게는 장손이라는 이유로 특별한 관심을 가졌다. 고조부께서는 조선시대 말 지방의 관리(진사?)였다. 그 지역에서는 양반 가정으로 존경을 받으며 권세를 누렸다. 하지만 일본이 한국을 강제로 점령하고 통치하면서 사회가 격변했고 양반과 천민 제도가 사라졌다. 그러나 내가 살던 시골에는 아직도 옛 풍습이 남아 있어, 동네 어른들은 나를 '도련님'이라고 부르며 존대 말을 해주었다. 그리고 집에는 '머슴'이 상주하며 집안일을 도왔다.

나는 어릴 적에 할아버지로부터 한문을 배웠고, 만 6세 때 마을에서 좀 떨어진 '대술국민학교'(현 대술초등학교)에 입학했다. 말은 국민학교지만, 같은 반에는 나이가 삼촌뻘 되는 학생도 많았다. 일제 강점기에는 학교에서 일본어를 배웠고 이름도 일본식으로 개명해야만 했다. 이런 저런 이유로 집안일과 농사일을 도와주던 분들도 없게 되자, 일일이 돈을 주고 일꾼을 사거나 가족 스스로 그 일을 감당해야 했기에, 가사는 점점 어려워졌다.

특히 제2차 세계대전 중에는 '공출 제도'라고 해서, 일제가 쌀과 잡곡을 각 가정에 할당하여 강제로 징수했기 때문에 예외 없이 모든 마을 사람은 경제적으로 매우 어려워졌다. 심지어는 무기를 만든다는 빌미로 집에서 사용하던 놋그릇, 숟가락과 젓가락을 모두 빼앗아 갔다. 또 화약이나 기름을 만들기 위해 어린 학생들에게는 산에 가서 송진을 따서 바치도록 했다. 동네에서는 군복을 입은 사람들이나 일본 순사들은 두려움의 대상이었다. 어린 나의 내면에도 나라를 사랑하는 애국심에서라기보다는, 당장 우리 집, 우리 마을 것을 빼앗기는 것으로 인해 그들에 대한 증오가 쌓여갔다.

드디어 1945년 한국이 일본으로부터 해방되던 날, 동네 어른들은 우리 집에 모여 태극기를 그리며 기뻐했다. 잘 기억나지는 않지만, 어디서 본 듯한 태극 모양의 국기가 우리나라 국기라는 것을 이

때 처음 알았다. 당시 어른들이 태극기를 그릴 때, 가운데 태극 마크는 쉽게 기억하고 그렸지만, 네 모퉁이 모양에 관해서는 의견이 분분했다. 그래서 제각각 다양한 태극기가 마을에 휘날렸다. 그러다가 누군가가 벽장에 깊이 감춰두었던 태극기를 내놓는 바람에 같은 모양의 태극기를 만들 수 있게 됐다. 모든 마을 사람들이 대한 독립 만세를 외치고 북, 꽹과리, 장구와 징을 치며 기뻐했던 기억이 아직도 생생하다.

내가 겪은 한국전쟁

예산읍에는 예산중학교가 있었다. 우리 집에서 험한 산을 넘으면 약 1시간이 걸렸지만, 돌아서 가면 1시간 반이나 걸렸다. 나는 그 길을 매일 걸어 중학교를 다녔다. 대한민국은 해방은 됐지만, 이념과 사상 문제로 갈등과 혼란을 겪었다. 결국 38선을 중심으로 남북으로 나뉘었다. 하나였던 조국이 남쪽에는 미군이 주둔하여 자유 민주주의 체제로, 북쪽은 소련이 주둔하여 공산주의 체제로 완전히 두 동강이 났다. 솔직히 이런 내용들은 지금처럼 실시간 TV 방송으로 알 수 있었던 것도 아니고, 그냥 '~카더라' 하는 소문에 의해 한참 후에나 알게 됐다. 하지만 북한의 남침으로 시작된 비극적인 한국전쟁(1950~1953) 소식은 매일 전국적으로 전해졌다. 시골에는 라디오가 없어 읍에 나갔던 사람들의 말을 통해 소식을 전해 듣거나, 사람들의 입소문을 통해서 전쟁 상황이 알려졌다. '발 없는 말이 천 리 간다'는 말처럼 서울에서 일어나는 일들이 순식간에 마을까지 전해졌다. 아버지는 전쟁 소식을 듣고 가족들에게 어떠한 상황이 벌어질지 모르니 모두 조심하고 주의 깊게 상황을 지켜보자고 하셨다.

주일 아침에 북한 공산당이 탱크를 몰고 38선을 넘어 남한을 쳐들어왔다는 소식에 많은 사람이 놀랐다. 하지만 당시 정부의 발표는 곧 적들을 물리칠 것이라고 하여 모두 그렇게 믿고 한편으로는 안도감을 가졌다. 그런데 상황은 전혀 다른 방향으로 전개됐다. 국군이 패해 후퇴하여 서울이 함락됐다는 소식과 피난민들의 행렬이 이어지고 있다는 소식이 전해지기 시작했다. 국군은 계속 밀려 내려와 우리가 사는 지역은 물론 부산 근처까지 밀려 내려갔다. 많은 피난민들은 갈 곳을 정하지 못한 채 남쪽으로, 남쪽으로 밀려 내려가는 형국이었다.

당시 우리 가족을 비롯해 우리 마을 사람들은 전쟁의 심각성을 늦게 깨달았다. 마땅히 고향을 떠나 갈 만한 곳도 없었기에 대부분 피난을 가지 않았다. 아마도 이런 시골 깊숙한 곳까지 와서 뭐 어떻게 할까 하며 그냥 지나가겠지 하는 안일함도 있었던 것 같다. 하지만 그것이 착각임을 곧 알 수 있었다.

인민군(공산군)이 마을을 점령하면서 매일 어린 학생들을 불러내 김일성을 찬양하는 노래를 가르쳤다. 그들은 수시로 '궐기대회'라고 하여 주민들을 모아 그들의 체제를 선전했다. 마을 사람들 중에 평소 공산당 사상에 관심이 있던 분들은 너나 할 것 없이 북한을 찬양하며 선동했다. 또한 그들이 말하는 '반동분자'들을 찾아 사람들 앞에서 '자아비판(自我批判, Self-criticism)'을 시키고 심지어 처단하던 일들은 지금도 기억이 난다. 나는 어린 나이에 겁이 났다. 가능하면 밖에 나가지 않고 조심하며 하루살이 같이 삶을 이어갔다.

다행히 미국을 비롯한 유엔군이 참전하며 인천 상륙작전을 통해 전쟁 상황은 완전히 바뀌었다. 우리를 억압했던 인민군들도 산으로 도망하여 자취를 감추었고, 기다리던 국군들이 들어왔다. 하지만 마을은 여전히 어수선했다. 마냥 국군들을 환영할 수만은 없었다. 이번에는 반대로 인민군이 들어왔을 때 동조했던 사람들을 잡아 심문하고 감옥에 보내는 등 평화스럽던 시골 마을은 바람 잘 날이 없었다.

참으로 전쟁은 무서운 것이다. 오랜 시간 함께 살던 이웃들이 서로를 향해 죽창을 들게 만든 것이 한국전쟁이다. 진실로 같은 민족들끼리 서로 죽고 죽이는 비극은 절대로 되풀이돼서는 안 될 것이다.

교실이 예배당으로

지금은 생소하게 들리겠지만, 그 시대 시골의 행정 단위는 '군·면·읍·리'로 되어 있었다. 마을 안에서는 밤나무골, 잣나무골, 구성말 등 정감 어린 지역 이름들이 많았다. 마을을 벗어나 읍이나 면 소재지에 나오는 것만으로도 나에게는 대도시처럼 여겨졌다. 나는 예산읍내에서 중학교를 졸업하고 예산농업고등학교에 입학했다. 당시 예산에 다른 학교는 없었기에 선택의 여지가 없었다. 고등학교 때는 장학생으로 학비를 면제받고 공부해 졸업했다.

내가 살던 시골 면 전체를 통틀어도 교회는 전혀 없었다. 다만 예산 읍에는 감리교회가 하나 있었다. 당시에는 선교사들이 선교 지역을 분담해서 사역했다고 하는데, 우리 지역은 감리교단 선교사들이 담당하여 감리교회가 들어섰다. 당시 우리 동네에는 아직 교회가 없었기에 기독교에 대한 관심도 없었다. 그러다가 우리 동네에 피난민들이 들어와 국민학교 교실을 빌려 주일 예배를 시작했다. 나는 아직 기독교를 몰랐지만, 주일이 되면 내가 다니던 중학교의 영어 선생님이 와서 설교하신다고 해서 호기심에 예배에 참석했다. 그리고 영어 선생님과 가깝게 지내고 싶은 마음도 한몫했다. 심지어 나의 형제들을 데리고 가기도 했는데, 그때가 중학교 2학년이었다.

나를 교회로 전도하신 분은 서울에서 피난 온 방 권사님 가정이었다. 방 권사님은 열심히 심방도 하고, 우리 집에도 자주 오셔서 성경을 읽고 말씀을 가르쳐 주셨다. 권사님 가정에는 두 따님과 중학생 두 아들이 있었다. 큰 따님의 남편 목사님은 일찍 돌아가셨는데, 슬하에 딸이 하나 있었다. 둘째 따님은 당시 20대 중후반의 미혼이었다. 우리 형제들이 교회에 나가게 되자 방 권사님의 따님들이 우리를 특별히 많이 사랑해 주었다. 하지만 대대로 조상을 섬기는 전통 유교주의 집안이었기에, 아버지께서는 내가 교회를 다니는 것을 탐탁하게 여기지 않으셨고 주의를 주었다.

"야소(耶穌), 중국어권에서 예수님을 지칭하는 명칭)는 좋은 분이기는 하나 조상을 섬기지 않는다고 한다. 우리 집은 대 종가집으로 네가 깊이 믿게 되면 조상을 섬기지 않게 될까 걱정이다."

그러나 아버지는 내가 비록 어릴지라도 집안의 장남이자 장손이기에 의견을 많이 존중해 주셨고, 강력하게 반대하지는 않으셨다. 그러나 어머니는 아들을 얻게 된 것이 부처님의 덕이라고 생각하는 분이셨기에, 때를 따라 절에 가서 불공을 드리셨다.

우리 형제들은 선생님의 설교 말씀을 듣는 것을 좋아했고, 방 권사님 가족들도 만날 수 있어서 열심히 교회에 출석했다. 이렇게 시작한 교회는 지금의 대술감리교회로 발전했다. 그렇게 6개월이 지난 후에 학습 세례를 받았고, 얼마 후에는 세례(침례)까지 받았다. 그러나 나는 아직 구원의 확신은 없었다. 교회에 나가면 그러한 '승진 절차'가 있나 보다 생각하는 정도였다.

대학 입시 좌절

내가 다니던 예산농업고등학교는 당시 예산의 유일한 고등학교였다. 나는 감사하게도 고등학교 때 성적이 우수하여 3년간 장학금을 받고 다녔다. 그래서 학교에서도 장래가 기대되는 학생이라고 선생님들의 사랑을 받고, 부모님과 마을의 자랑이 되기도 했다. 그런데 나중에 생각해보니 우물 안 개구리처럼 바깥 세상을 전혀 모르고 살아온 것이었다. 우선 농업 고등학교였기에 대학 진학을 위해서는 국영수에 더 집중하여 공부해야 했다. 당시 우리 마을에는 대학을 다녔던 사람이 전혀 없었다. 일제 시대에는 조선 사람들이 대학을 다니는 것을 장려하지 않았기에, 특별히 선택받은 사람들만 다닐 수 있었다. 당시 명문대학은 지금의 서울대학교의 전신인 경성제국대학이었다.

해방되고 민족 상잔의 비극인 한국전쟁도 겪었지만 먹고 살기 힘든 상황에서, 특히 시골에서 대학에 간다는 것은 매우 어려운 일이었다. 결국 나는 진로에 대해 혼자 생각하고 결정해야 하는 상황이었다. 참고할 만한 책도 없었고, 아무런 정보도 없었다. 그럼에도 불구하고 당시에 부모님은 무조건 법대에 진학하여 판·검사가 되는 것을 가장 희망했고, 고등학교 선생님들도 실업 고등학교임에도 불구하고 학교의 자랑을 위해 법대나 의대에 가는 것을 선호했다. 비록 시골에서 자랐지만, 학교 다닐 때는 부모님들의 기대처럼 판·검사가 되는 것도 생각해 보고 정치가가 되는 꿈도 꾸어 보았다. 우리나라가 부강한 나라가 되고 국제적으로 인정받는 나라가 되도록 국제 무대에서 일하는 외교관을 선망하기도 했다.

어느덧 고등학교 3학년이 되어 졸업을 앞두고 대학에 입학원서를 냈다. 당시 대학 시험은 대학에 따라 1차, 2차, 3차로 나누어 보게 되는데, 1차 대학들이 소위 유명한 일류 대학들이고, 대학의 지명도에 따라 2차, 3차로 나뉘어 있어 시험 날짜가 각기 달랐다. 그런데 내가 대학 입학원서를 내던 해에 연세대학이 '특차'라고 해서 모든 대학 중에서 제일 먼저 입학시험을 치르게 되어 있었다. 당시 외교관이 되기 위해서는 연세대학교 정치외교학과가 유리한 것으로 알려져 있었기에, 나는 자신감을 가지고 특차로 연세대학 정치외교학과에 지원을 했다. 그리고 1차 대학으로는 서울대학교 법과대학, 2차로는 성균관대학교에 지원을 하고 차례로 시험을 치렀다. 2차, 3차 대학은 생각하지도 않았고, 연세대학 아니면 서울대학에 입학하게 될 것이라 생각하고 있었다.

그러나 결과는 여지없이 모두 낙방이었다. 그때 실망감은 세상의 모든 것을 잃은 듯 이루 말할 수 없었고, 부모님도 만날 용기가 없었다. 심지어 죽고 싶은 생각까지 들 정도였다. 아무도 만나고 싶지 않아 집에 내려가지도 못하고 서울에 머물러 있으면서 앞으로의 일을 생각하게 됐다. 당시에는 대학에 입학하면 군 입대가 일단 면제됐다. 그렇지 않으면 고등학교 졸업하자마자 곧 군대에 가야 했다. 물론 내가 지금 군대에 가게 되면 부모님과 집안의 상황이 더욱 어렵게 될 것이 분명했다.

그런데 모든 대학의 입학시험이 끝난 상황에서 갑자기 이름을 처음 듣는 '숭실대학'이라는 대학이 신입생을 모집한다는 광고가 나왔다. 광고에 따르면, 연세대학보다 먼저 평양에 세워졌던 대학으로 신앙을 지키기 위해 일본이 강요한 신사참배를 거부하다가 폐교됐던 대학이라고 한다. 현재는 평양에 재건할 수 없어 서울에서 재건하게 됐다는 것이다. 잘 모르는 대학이지만 일단 입학하고 1년 후에 다시

내가 원하던 대학에 도전할 생각으로 지원했다. 입학시험은 생각보다 많은 학생들이 지원하여 4:1의 경쟁률이었다. 부모님께 제대로 설명도 드리지 못하고 시험을 봤다. 낙방 경험 때문에 크게 기대하지 않고 합격자 발표를 보러 갔는데, 합격자 명단에 내 수험생 번호와 이름이 적혀 있었다. 순간 다행이라는 생각을 하면서도 크게 기쁘지는 않았다. 마음속으로 1년 후를 기약하면서 이내 발길을 옮겼다.

부모님께 합격 소식을 전했다. 아버님은 평양에 있던 숭실대학이라는 이름은 기억하고 계셨다. 예수 잘 믿는 대학으로 일제 때 신사참배를 거부하다가 폐교당한 대학인데, 지금은 평양이 공산당 치하에 있게 되어 서울에서 재건하게 된 것이라고 알고 계셨다. 아무튼 장남은 땅을 팔아서라도 대학을 졸업하도록 지원하겠다고 하시면서 열심히 공부해 성공하라고 격려해 주셨다. 하지만 나는 숭실대 입학이 자랑스럽지도 않고 기쁘지도 않아 친구들과 지인들을 만나는 것을 피했고, 마음속으로 한 해 후를 다짐하면서 대학 생활을 시작했다. 하지만 그곳에서 예수님을 만나게 될 줄 누가 예상이나 했겠는가?

2.
대학생활과 구원의 확신

대학생활과 구원의 확신

당시 농촌에서 서울에 있는 대학에 간다는 것은 경제적인 부담이 너무 큰 일이었다. 더구나 우리 집 생활 여건도 매우 힘들 때였다. 그러나 다행히 피난 왔던 방 권사님의 가정이 서울로 돌아가면서, 그 집의 막내아들(중학교 2학년)의 가정교사로 방 권사님 댁에 거처하며 대학에 다니는 배려를 받았다.

나는 숭실대학교 1학년 때, 학교 채플 시간에 말씀을 통해 예수 그리스도를 구주와 주님으로 영접하고 거듭났다. 당시 학장님이셨던 고(故) 한경직 목사님의 말씀과 그분의 인격은 나의 인격을 형성하고 방향을 정하는 데 큰 영향을 주었다. 원래 나는 고등학교 때는 성적이 우수하여 부모님과 주변 사람들에게 장래가 촉망되는 청년으로 인식됐다. 그런데 사람들에게 많이 알려지지 않은 숭실대학에 입학하게 되어 자존감이 많이 낮아 있었다. 평양에서는 역사와 전통을 자랑하고 훌륭한 선배들을 배출한 대학이라고 해도, 당시 숭실대 캠퍼스는 영락교회의 시설을 빌려 사용하고 있었기에, 사람들에게 많이 알려져 있지 못했다.

하지만 대학에서 예수님을 영접한 후에는 '진리와 봉사 정신과 신앙'의 바탕 위에 세워진 이 대학에 입학하게 된 것이 하나님의 은혜요 인도하심이라는 사실을 깨닫고 감사하게 됐다. 그로 인해 하나님의 대학인 숭실대학에 입학하게 된 것을 매우 자랑스럽게 생각했다. 나는 채플 시간에 열심히 참석하여 말씀을 들었다. 가난한 고학생(苦學生)으로 가정교사를 해야만 학교에 다닐 수 있을 만큼 경제적으로는 매우 어려운 상황이었지만, 매일 기쁨과 감사가 넘치는 삶을 살 수 있었다. 숭실대 재건 1회 학생들이었기에 선배가 없었으므로 1학년 때부터 학생 자치활동 모임을 직접 조직하고 활동했다. 특히 나는 기독학생회 조직에 적극 참여했다. 북쪽에서 피난 온 신실한 친구인 김지남 형제(후에 장로, 숭실대 이사)와 함께 기독학생회를 조직하고 총무로 여름 방학에는 농촌 봉사활동, 지방 순회 전도활동(충남, 호남 지역 참여) 등을 하면서 대학 생활을 의미 있고 보람차게 보냈다.

가정에도 변화가 생겼다. 내 친동생은 당시 용산에 있는 교통고등학교에 국가 장학생으로 입학하게 되어 어머니와 함께 서울로 오게 됐다. 어머니의 친정 친척들이 인천 근교의 '주안'에 살고 있었는데, 어머니는 소금을 만드는 염전 주변에 방을 하나 얻어 세 식구가 같이 살게 됐다. 우리가 얻은 염전의 방은 아주 작은 쪽방으로 세 사람이 누우면 겨우 잘 수 있는 정도였다. 겨울에는 염전 들판에 불던 한겨울 소금 바람이 얼굴을 때려 몹시 추웠다. 당시 생계를 위해 어머니는 보따리 장사를 하셨고, 동생이 매달 받아오는 국가장학금이 우리 집의 유일한 고정 수입이었다. 그러나 우리 세 식구는 어려움 중에도 기쁨과 감사가 넘쳤고, 주일이 되면 주안역 근처의 작은 교회에 나가 예배를 드렸다.

약 1년 후 서울에 좀 더 가까운 오류동으로 이사했다. 거기서 외가 친척의 농사를 도우며, 그 집 문간방에 세 들어 살았다. 오류동은 그 당시에는 농촌 지역이었지만, 주안에 있는 염전 지역보다는 안정적인 동네였다. 그러나 통학 기차를 타기 위해서는 족히 30분은 걸어야 했다. 여기서 나는 대학을, 내 동생은 고등학교를 졸업했다. 이후 직장을 갖게 되면서 서울로 이사했다.

대학 교수생활

나는 대학을 졸업한 후 모교인 숭실대 교무처에서 봉사하며, 연세대학교 야간 경영대학원에서 회계학을 전공하여 경영학석사(MBA) 학위를 받았다. 그로 인해 숭실대 경영학과에서 가르칠 수 있는 특권을 얻었다. 1968년, 숭실대 김형남 총장님은 미래를 내다보는 탁월한 안목으로 한국 대학 최초로 컴퓨터(IBM 1130)를 구입했다. 그리고 전자 계산 연구소를 설립했다. 지금은 고인이 되신 김형남 총장님은 나에게 연구소 설립을 위임했다. 그래서 팀원들을 선발하고 IBM에서 제공하는 훈련을 함께 받으며 연구소의 기틀을 세워 나갔다.

이후 전자 계산 연구소가 자리를 잡으면서 기업과 각 학교의 전산 교육 및 프로그램 개발에 기여했다. 예를 들어 현대자동차는 전산실 연구원 7명을 우리 연구소에 파견하여 교육을 받도록 했다. 한국도로공사는 고속도로 수금 업무 전산화 프로그램 개발을 의뢰해 왔다. 또한 많은 중·고등학교 교사들에게 컴퓨터 관련 교육을 하기도 했다. 이로 인해 당시 문교부(현 교육부)로부터 한국 최초로 전자계산학과(컴퓨터학과) 인가를 받았다.

나는 숭실대학교에서 공부하고 교직 생활을 할 때 참으로 많은 분들에게 사랑을 받았다. 특별히 경영학과 교수이며 학장과 총장 대리를 맡으신 고(故) 이정린 교수님의 조언으로 대학원에서 공부하고 교수의 길로 나아갈 수 있었다. 그리고 김형남 총장님의 신뢰와 총애로 학교를 위해 많은 일들을 감당할 수 있었다. 참으로 우리 인생 여정 속에서 어떠한 사람들을 만나느냐가 매우 중요함을 경험할 수 있었다.

나는 한국에서 교수 생활하는 동안 학생들을 특별한 사랑으로 섬기려고 노력했다. 지금 돌이켜보면, 그 사랑이 예수 그리스도의 사랑이었고, 그러한 경험이 추후 선교지인 연변과학기술대학에서 가르치며 사역하는 데 큰 밑거름이 됐다. 당시 숭실대학교의 대부분 학생들은 스스로 생활을 감당해야 했기에, 학업에만 전념하는 것이 쉽지 않았다. 이로 인해 수업을 따라가는 것이 벅찬 학생들도 많았다.

그래서 별도의 강의 시간을 마련하여 항상 보충 수업을 병행하기도 했다.

제자들 중 한 학생이 군에서 제대 후 복학했는데 학교생활 적응에 어려움을 겪고 있어 도움을 준 적이 있다. 나중에 알게 된 사실이지만, 그 학생은 나의 관심과 격려로 인해 회계학 과목을 열심히 공부했다. 나를 롤 모델 삼아 회계학과 교수가 되고자 다짐했다고 한다. 그리고 마침내 교수가 되어 나를 찾아와 감사 인사를 전하기도 했다. 돌이켜보면, 나의 제자들 중에는 대학 총장도 있고 탁월한 교수들과 신실한 목회자들이 있다. 참으로 하나님께 감사드린다. 앞으로도 그들의 삶에 하나님의 열매가 넘쳐나기를 소망한다.

사랑하는 아내와의 만남

나는 대학 채플 시간을 좋아했다. 내가 원하던 대학에 낙방하고 좌절감에 빠져 있을 때, 고(故) 한경직 목사님을 비롯해 김형석 교수님과 다른 강사님들의 말씀을 통해 구원의 확신과 삶의 새로운 방향을 정하는 계기가 됐기 때문이다. 그래서 채플 시간이 기다려졌고, 열심을 다해 참석했다. 당시는 매일 1교시 강의가 끝나면 의무적으로 채플 시간이 있었다. 일반적으로 다른 학생들은 채플 참석을 싫어했다. 그래서 학교 측에서는 채플 참여를 독려하기 위해 출석 체크까지 했다. 하지만 나는 맨 앞 좌석에 앉아 강사님들의 말씀을 받아적으며 열심히 참석했다.

그런데 언제부터인가 채플 시간에 한 자매가 피아노 반주를 하며 예배를 돕는 모습이 내 눈에 들어왔다. 그녀는 늘 일찍 와서 예배를 준비하며 섬겼는데, 이러한 신실한 모습에 사로잡힌 것이다. 이 자매가 바로 나의 사랑 혜실 자매였다. 그녀는 영문과에 재학 중이었는데, 몸매는 마르고 키는 크지 않았지만 단정하며 얼굴에 늘 미소가 가득했다. 우리는 믿음 안에서 선후배로 지냈다.

졸업 후, 그녀는 총장 비서실에 근무했고, 나도 교직원으로 근무하면서 가까워졌다. 점심 시간에는 학교 식당에서 같이 식사도 하고, 퇴근할 때도 같은 버스를 타고 가면서 대화도 많이 하고 산책도 하며 자연스럽게 서로 호감을 가졌다. 지금이야 캠퍼스 커플이 자연스러운 일이지만, 당시는 남들의 입방아에 오르내리면 서로 좋을 것이 없었다. 그래서 학교에서는 서로 조심하며 교제했다.

퇴근 후 버스 안의 나의 심신은 매우 지쳐있었지만, 그녀로 인해 오히려 가장 아름답고 행복한 시간을 보냈다. 그녀의 집이 원남동 근처 대학 병원 가까이 있었는데, 버스 안에서 그녀와 대화할 때면 시간이 너무나 빨리 지나갔다. 그러면 우리는 그녀의 집 근처 대학 병원 주변의 소나무 밭을 산책하며 함께 시간을 보냈다.

그녀는 노래를 좋아했는데, 한번은 나에게 노래 한 곡을 불러주었다.

"내 마음은 호수요 그대 노 저어오오
나는 그대의 흰 그림자를 안고

옥 같이 그대의 뱃전에 부서지리이다
내 마음은 촛불이요 그대 저 문을 닫아 주오"
(내 마음은 호수여, 김동명 작시, 김동진 작곡)

나는 그 노래에 화답하며 그녀를 포옹해 주었다. 이렇게 퇴근길에 이어진 우리의 데이트는 행복한 시간이었다. 밤 11시에 버스와 전차가 끊어지면, 그녀의 원남동 집까지 데려다주고 나는 내가 사는 용산 집까지 걸어갔다. 마침내 우리는 양가 부모님과 가족들의 축복 속에 1960년 5월에 약혼했다. 같은 해 10월, 육군본부 교회(장인이 군목)에서 당시 학장이던 김성락 박사님의 주례로 하나님 앞에서 백년가약을 선서하고 믿음의 가정을 이루었다.

사랑하는 어머니와의 이별

나는 지금까지 살면서 사랑하는 많은 사람들의 죽음을 지켜봤다. 그 많은 죽음 중에서도 가장 가슴 아팠던 것은 부모님의 죽음, 특히 어머니와의 작별이라고 생각한다. 내 나이 비록 90이 넘었지만, 여전히 어머니가 그립고 이별의 슬픔이 마음에 사무쳐 있다.

나는 1960년 10월 29일 결혼하고, 어머니와 남동생과 함께 살았다. 감사하게도, 우리 가족은 학교 사택에서 생활할 수 있었다. 아내는 숭실대학교 총장 비서실과 도서관에서 일하다가, 용산 미군 기지 안에 있는 미국은행(Bank of America) 직원으로 일하게 되어 경제적으로 비교적 안정된 생활을 했다.

가정의 복음화도 이때 이루어졌다. 하나님의 은혜로 절에 다니시던 어머님은 예수님을 믿게 되었고, 아버님도 사당에 모셔 놓았던 조상들의 위패를 손수 산으로 가지고 가서 불태우고 예수님을 믿고 천국에 가셨다. 또한 아들이 귀한 우리 집안에 두 명의 아들(승열(Samuel), 동열(David))을 허락해 주셨다. 누구보다도 아들에 대한 서러움을 많이 느끼셨던 어머니였기에, 두 명의 손자들로 인해 매우 기뻐하셨다. 하지만 어머니의 기쁨은 오래가지 않았다.

어머니는 그동안 몸이 불편하고 아프셨어도 가족들에게 짐이 될까 봐 전혀 내색하지 않으시고 참고 지내셨다. 참으로 자식 사랑이 무엇이기에 어머니는 암의 고통을 진통제 없이 온몸으로 느끼면서도 자식들의 뒷바라지를 하셨다. 우리는 이 사실을 어머니가 거의 간암 말기가 되어서야 알았다. 잘 아는 분의 소개로 세브란스병원 의사가 왕진하여 진찰한 후, 간암 말기라는 판정을 받았다. 너무 늦어서 수술할 수 없는 상황이라는 말에 모두 실망했고, 약 한 달 후 어머님은 하나님의 부르심을 받으셨다.

바쁘다는 핑계로 어머님께 관심을 기울이지 못한 불효는 아무리 후회하고 자책해도 소용이 없었다. 바울 사도는 에베소 성도들에게 부모에게 순종하고 공경할 것을 가르치며 하나님께서 자녀들에게 주신 명령이라고 가르쳐 준다(엡 6:1-2). 지금도 고생만 하신 어머님을 생각하면 너무 마음이 아프고 아쉽다.

친동생은 철도국에서 일하며 야간에 성균관대학교를 졸업했다. 서울특별시청에 근무하며 모범 공무원으로 국무총리 표창을 받고 국장으로 은퇴했다. 교회에서는 장로로, 제수는 권사로 섬기며 두 명의 조카와 함께 모범적인 가정을 이루었다. 작은어머니도 예수님 믿고 사시다가 소천하셨고, 자녀들도 장로와 집사로 성실하게 교회를 섬기며 지금까지 모두 좋은 관계 속에서 지내고 있다. 이 모든 것이 하나님의 은혜이며 축복이라고 생각한다. 우리 가족은 학교에서 가까운 상도중앙장로교회에 출석했다. 부부가 집사, 성가대 대원, 성가대장 등으로 봉사하며 지내다가, 미국에서 공부할 수 있는 기회가 생겨 1971년 말 미국의 수도 워싱턴 D.C.에 인접한 메릴랜드 주로 이주했다.

3.
미국생활 초창기 이야기

미국 정착 과정

우리 가족은 1971년 12월 27일 아침, 미국 볼티모어 워싱턴 국제공항(BWI)에 도착했다. 원래는 워싱턴 D.C. 근처의 내셔널 공항에 도착할 예정이었다. 그러나 중간에 시카고(Chicago)에서 비행기를 갈아타야 했는데, 우리가 탄 비행기가 예정보다 늦게 도착하여 다른 비행기로 환승하지 못했다. 결국 시카고 공항에서 공중전화로 숭실대학교 동창인 김현칠 목사님에게 전화했다. 공항에 공중전화도 많지 않았고, 사용 방법도 몰랐다. 더 큰 문제는 공중전화를 걸려면 동전을 구해야 하는데, 낯선 타지에서 서툰 영어로 잔돈을 바꾸는 것도 쉽지 않았다. 어렵게 구한 동전으로 김 목사님 댁에 전화했지만, 김 목사님은 이미 워싱턴 D.C. 공항으로 출발했고 대신 어렵게 사모님과 연락이 됐다.

지금이야 외출해도 스마트폰으로 전화할 수 있지만, 당시에는 전화기는 냉장고처럼 집에만 고정되어 있는 부잣집들의 혼수품이었다. 김 목사님도 어딘가에서 공중전화로 집에 전화해야만 나의 소식을 알 수 있었다. 우리 가족은 사모님이 안내해 준 대로 볼티모어(Baltimore) 시 근처에 있는 BWI 공항으로 향하는 비행기를 탔다. 마침내 김 목사님과 다른 두 친구 박일환 집사님, 김제환 목사님(당시는 집사)과 반갑게 상봉할 수 있었다.

12월 27일 아침은 맑고 상쾌했다. 도로는 한국보다 넓고, 도로 주변 나무들은 단풍이 지고 나뭇잎이 떨어져 가지만 무성했지만 크고 웅장했다. 솔직히 사람들, 자동차, 집, 자연 환경 등 모든 것이 좋아 보이는 별천지 세상이었다. 김 목사님 댁은 메릴랜드(Maryland) 주 실버스프링(Silver Spring) 지역의 조용한 주택가에 있었다. 그에게는 두 명의 딸과 한 명의 아들이 있었다. 한국인 친구들이 그리웠던 그의 아이들은 우리 아이들과 쉽게 친해졌고, 우리는 시간 가는 줄 모르고 대화를 나눴다.

그런데 우리 큰아들 샘(Sam)이 보이지 않았다. 머나먼 이국땅의 낯선 곳에서 말도 제대로 통하지 않는 곳에서 샘을 잃어버렸다고 생각하니 두려움이 우리 부부를 덮쳤다. 그런데 샘은 그 집 차고에 있던 아이들의 자전거를 타고 동네를 돌고 있었던 것이다. 우리 부부는 미국 집에 차가 한두 대씩 있는 것이 놀라웠는데, 우리 아이들은 가정집에 자전거가 있는 것이 무척이나 신기했던 모양이다.

지금 생각해보면, 아무것도 모르는 우리 가족을 친가족처럼 따뜻하게 도와줬던 많은 손길들이 있었다. 김현칠 목사님 내외분을 비롯해 박일환 집사님 내외분(부인 박진 집사는 아내의 은행 친구), 김제환 목사님(아내의 대학 동기, 당시는 집사) 등 많은 분들이 우리가 아파트를 구하고 정착하는 데 큰 도움을 줬다. 또한 한국 전쟁 때 대구의 한 중학교에서 만났던 아내의 친구 강효숙 박사님(의사)은 미국에서 거주할 아파트를 구하기 전까지 그녀의 집에 머물게 해 줬다. 아이들이 들어간 학교는 당시 외국인이 우리 두 아들밖에 없었기에 많은 걱정을 했지만, 영어를 빨리 배우고 잘 적응할 수 있어 다행이었다. 참으로 모두 그립고 감사하다. 또한 그들을 보내 주신 하나님께 너무나 감사한다.

우리가 살던 곳은 메릴랜드 주였지만, 미국의 수도 워싱턴 D.C.를 중심으로 버지니아(Virginia) 주가 서로 어울려 있는 미국 수도권 지역이었다. 당시에는 수도권 지역에 많은 한국인들이 유입되면서 약 3천 명 정도가 살고 있었다. 우리가 도착한 때가 1971년 12월 말이기 때문에 우리는 한복을 입고 워싱턴 D.C.에 있는 백악관 일대를 구경했다. 당시 한국은 매우 가난한 나라였고, 대부분의 미국 사람들은 한국을 잘 알지도 못했다. 그들은 한국인을 보면 거의 100% 중국인 아니면 일본인이냐고 묻는다. 하지만 낯선 한복을 입은 한국인들을 보면 "Where are you from?" 하면서 오히려 신기하게 봤다. 중국 옷 '치파오'와 일본 옷 '기모노'는 영화 등을 통해 많이 알고 있었지만, 한복은 그들에게 무척이나 낯선 옷이었기 때문이다. 어떤 미국인들은 사진을 같이 찍자고 공손하게 다가와 주기도 했다. 행여나 한국인들끼리 만나면 "고향이 어디냐?" 하며 물으며, 전라도이든 경상도이든 상관없이 옆집에 살았던 이웃처럼 반갑게 인사를 나누고 주소도 물으면서 교제하기도 했다.

첫 예배

당시 수도권 전 지역에 한인교회가 5곳 있었는데, 규모가 크지는 않았다. 이 교회들은 미국 교회를 빌려 오후에 예배를 드렸다. 지금은 워싱턴 D.C. 수도권 지역 한인 인구를 18만 정도로 추산하고, 교회들도 모두 합하면 약 400여 개 정도 될 정도로 많은 성장을 이루었다. 1천 명 이상 모이는 교회도 몇 군데 되고 가장 큰 교회는 약 5천 명 정도 모인다. 참으로 그동안 어렵고 힘들게 살던 한국인 이민 사회를 하나님이 엄청나게 축복하셨음을 확인할 수 있다.

우리가 다니던 교회는 당시 그 지역에서 역사가 오래된 교회로, 아내의 대학 동창인 김현칠 목사님이 섬기는 '워싱턴 한인침례교회'였다. 김 목사님이 이 교회에 부임하신 지 1년 정도 되던 때였다. 오전에는 미국인이 모여 예배를 드리고 오후에는 한인들이 약 130여 명 정도 미국 교회를 빌려 예배를 드렸다. 1970년대부터 한인 이민이 급속도로 증가하면서 교인 수도 증가하기 시작했다. 한국에서는 믿지 않던 분들도 미국에 와서는 외롭고 여러 가지 정보와 도움을 얻기 위해 교회에 출석하는 분들이 많았고, 이런 분들이 예수님을 만나 더욱 귀하게 믿음의 일꾼으로 쓰임 받았다.

초창기 이민교회의 사역자들도 남다른 섬김으로 많은 고생을 했다. 그들의 사역들 중 큰 비중을 차지하는 것이, 미국에 새로 오는 사람들을 섬기는 것이었다. 그 사역은 공항 마중부터 시작된다. 한국에서 오는 분들이 대부분이었기 때문에 항상 그들의 입(mouth)이 되어 통역을 해주어야 했다. 또한 자동차를 구입하기 전까지는 교회의 많은 성도들이 한 성도를 위해 애썼다. 아파트 구하는 일, 직장 구하는 일, 자녀들 학교 문제 등 다양한 이민 정착 사역에 시간을 많이 투자하게 됐다. 참으로 지금 생각해보면 성가신 일이 아닐 수 없다. 하지만 모두들 자신들도 그런 어려운 시간을 보냈었기에, 자원하는 마음으로 교회가 이웃들을 섬겨 주었다. 그래서 교회 분위기가 한국의 신앙생활과는 크게 달랐다. 교회가 하나님과 함께하는 성도들의 집과 같았고, 모든 성도들이 한 가족이나 마찬가지였다. 물론 여러 가지 문화 차이로 인해 갈등도 있었다.

내가 처음으로 교회 제직회를 참석한 집사님 댁은 의사였기에 삶이 윤택했다. 가정에서 모이게 되니 자연히 음식을 나누고, 거실이나 지하실의 넓은 공간에서 모임을 열었다. 워싱턴 D.C. 지역의 집들은 대개 지하실 한쪽에는 바(Bar)를 꾸며놓고 각종 양주들이 준비되어 있었다. 사람들은 자신의 기호에 따라 양주를 마시고 댄스 파티를 즐기곤 했다. 그날 제직회에서도 너무나 자연스럽게 그런 분위기를 이어간 것이다. 집사님들이 함께 댄스도 추고, 음료를 마시면서 즐겁게 대화를 했다. 나에게는 너무나 당황스럽고 어색한 장면이었다. 심지어 어떤 집사님들은 미국에서의 신앙생활을 위해서는 양주도

적당히 마시고 댄스도 배워야 한다고 말했다. 솔직히 나는 처음에 그런 문화들이 불편했지만, 미국 온 지 얼마 안 된 시골 '촌놈'이라, 그리고 나보다 미국에 정착한 선배들이었기에 감히 나의 생각을 강하게 말하지 못했다.

그러나 새로운 이민자들 중에 한국에서 신앙생활을 성실하게 하던 분들이 늘어났고, 예배 참석 인원이 약 250명 정도로 늘어나면서 신앙적인 갈등이 생겼다. 결국 새로 이민 오신 분들과 오래되었지만 전통적인 신앙을 갈망하는 분들이 중심이 되어 김현칠 목사님을 모시고 새로운 교회를 개척했다. 1974년 11월, 미국 교회를 빌려 제일 한인 침례교회(현 워싱턴 지구촌교회)를 개척했다. 첫 개척 예배는 하나님의 큰 축복 아래 136명(어린이 35명 포함)의 적지 않은 성도들이 모였다. 부족한 내가 대표 기도를 했고, 특별 찬양으로 아내와 아내의 친구인 박진 집사님이 이중창으로 섬겨 주었으며, 김현칠 목사님의 은혜로운 말씀 선포가 있었다. 이것이 하나님의 귀한 교회, 워싱턴 지구촌교회의 시작이었다.

하나님의 놀라운 축복으로, 1년 후에는 실버스프링(Silver Spring)에 위치한 미국 침례교회인 노스게이트침례교회(Northgate Baptist Church) 예배당을 인수하여 예배를 드릴 수 있었다. 이 예배당에는 약 250여 명을 수용할 수 있는 본당과 주일학교 및 친교실로 사용할 수 있는 공간이 있었다. 아마도 그 당시 이 지역에서 자체 건물을 갖게 된 최초의 한인 교회라고 기억된다. 이렇게 시작된 교회는 지난 2024년 11월 10일, 교회 창립 50주년이 됐다. 우리 부부는 워싱턴 지구촌교회의 초청을 받아 축사를 하며 감격스러운 감사의 예배를 드렸다.

회계사인지 사역자인지

미국에서 직장을 얻는 것은 쉽지 않았다. 그러다가 아는 분의 소개로 비영리기관인 USBE (United State Book Exchange Inc.)에서 일하게 됐다. 그곳이 나의 첫 직장이었다. 이 기관은 전 세계의 대학 도서관과 연구기관들이 회원으로 등록되어 있고, 각 기관의 요청에 따라 서적들과 연구 논문들을 기증받기도 하고 교환해 주기도 하는 곳이었다. 처음에는 회계 부서가 아닌 곳에서 일을 시작했지만, 얼마 지나지 않아 선임 회계 담당자가 되는 축복을 받았다. 아쉽게도 지금은 USBE 회사는 없어졌으나, 미국 회계 실무 경험을 갖게 해 준 소중한 나의 일터였다.

미국에는 당시 한국에는 없었던, 일 년에 한 번 누구나 세금 보고하는 제도가 있었다. 나는 미국 세법에 대한 자료와 책을 사서 공부하고 틈틈이 세미나에도 참석했다. 한국 세무회계사 자격증을 가지고 있었지만, 미국의 세법을 다시 공부해야만 했다. 그리고 첫해 세금 보고를 스스로 하고, 주위에 잘 모르는 사람들도 도와주다 보니 많은 사람들로부터 도움 요청을 받았다. 심지어 한국 사람들이 많이 사는 아파트에서는 나를 초청해서 미국 세금 보고에 대한 세미나를 열기도 했다. 이런 와중에 감사하게도, 나보다 먼저 미국에 와서 회계사무실을 운영하시던 교회의 한 집사님의 요청이 있어 USBE를 그만두고 이직했다. 얼마 후, 유대인이 운영하는 미국 CPA 사무실(Silvert and Boyasky & Co.)로 옮겨 일하면서 유대인들이 사업하는 방법, 돈과 재산을 관리하는 여러 가지 노하우를 배울 수 있었다.

나는 약 25개 정도 회사의 세금 처리와 자문을 맡게 됐다. 처음에는 영어가 서툰 데다가, 무리한 요청을 들어주지 않으면 곧장 사장 혹은 매니저를 만나게 해달라고 막무가내로 항의하는 고객도 있었다. 그러나 감사한 것은 사장은 나를 신뢰해 주었다. 고객들에게는 "당신들의 회계 담당자는 이 회계사이니 그가 더 잘 알고 있다"며, 내가 계속해서 그들에게 자문할 수 있도록 해 주었다.

점점 한국인들의 이민이 늘어나고 사업하는 사람들도 생기면서 한국 교포사회에 전문적인 세무 회계 처리에 대한 요구가 높아졌다. 그래서 나는 개인 회계사무실(Sang H. Lee & Co.)을 열고 전적으로 한국 고객들을 상대하게 됐다. 성실하게 일하는 한국 사람들의 사업에 대한 자문을 해주고, 세무 및 회계 처리에 대한 봉사를 하면서 많은 보람을 느꼈다. 솔직히 나의 일은 세무 업무에서만 끝나지 않았다. 그들의 사업 방향과 전망, 교회 안에서의 여러 가지 문제와 개인의 신앙 문제, 자녀들의 교육 문제, 부부간의 갈등 등에 이르기까지 다양한 상담을 하면서, 어떤 때는 내가 회계사인지 사역자인지 혼동될 때도 있었다.

대부분의 미국 이민 사회에서는 부부가 함께 일한다. 아내도 교회

은퇴 목사님의 사모님이 운영하는 샌드위치 가게에서 일하면서 여러 가지 경험을 쌓을 수 있었다. 얼마 지나지 않아, 한 흑인 여성 손님의 소개로 백악관 근처에 있는 전통적인 프랑스 음식점에 서빙 직원(Waitress)으로 취직했다. 이곳은 고급 프랑스 레스토랑이었기 때문에, 손님들이 정장을 하지 않으면 들어오지 못했다. 당시에는 정장을 하지 않은 손님을 위해서 문 앞에서 정장을 대여해주는 서비스도 있었다. 처음에는 실수도 많이 하고 힘들었지만, 아내는 여기서 일하면서 미국을 배우는 데 많이 도움이 됐다고 한다. 약 6~7개월 정도 일하다가 은행으로 이직했다.

당시 우리가 사는 지역에는 BOA(Bank of America) 지점이 없었기에 '서브어반 신용은행(Suburban Trust Bank)'이라는 지방은행에 취직했다. 비록 은행 급여는 식당에서 일할 때보다 적었지만, 출퇴근이 정해진 직장이라 좋았다. 이 은행은 얼마 후 다른 은행과 합병해서 더 큰 은행으로 발전했고, 나중에는 Bank of America와 합병했다. 결국 아내는 원래 희망하던 은행에서 일하게 된 것이어서 매우 기뻐했다.

우리 가족은 큰아들이 초등학교를 졸업할 때까지 아파트에서 살다가 중학교에 가게 되면서 집을 옮겼다. 하나님의 은혜로 약간의 저축한 돈과 은행 융자로 주거 환경과 학군이 좋다고 하는 실버스프링(Silver Spring) 지역에 집을 샀다. 내가 처음으로 가진 우리 가족의 보금자리였다. 방 3개와 거실, 부엌 그리고 지하실이 있고 집 뒤에는 넓은 마당이 있는, 규모는 작지만 아담한 집이었다. 집에서 걸어갈 수 있는 가까운 곳에 아이들이 다닐 수 있는 초등학교(Dennis Avenue Elementary School)와 중학교(Sligo Avenue Middle School)가 있었다. 무엇보다도 두 아들은 각각 자기의 방이 생겨서 좋아했다. 교회도 가깝고, 여러 가지 환경이 좋아 가족 모두가 매우 좋아하며 하나님께 감사했다. 여기서 아이들이 중학교를 졸업할 때까지 살면서 큰 처남댁 부부와 자녀들을 초청하게 됐다.

4.
교회의 성장과 교회당 건축

교회당 건축

1974년 새로 개척한 제일한인침례교회는 이듬해 작은 자체 건물을 마련했다. 하지만 김현칠 담임 목사님 내외의 헌신과 이민자들의 급속한 증가로 교회 개척 3~4년이 지나자 예배당 증축이 필요해졌다. 특히 어린이 수가 늘어 주일학교 모임 장소가 부족해 어려움이 컸다. 그러나 새로 이민 온 많은 교인의 생활이 아직 정착되지 않은 상황이라 재정적으로 쉽지 않았다.

당시 약 600석 규모의 본당을 건축하고 현재 본당과 부대시설을 개조하는 데 50만~60만 달러가 소요될 것으로 예상했다. 교회 1년 예산이 14만~15만 달러 정도여서, 이를 감당하기 벅찬 금액이었다. 하지만 모든 교인이 갈망하며 기도하며 하나님의 뜻을 구했다.

그때 담임 목사님은 교회 건축 기술과 경험이 있는 미국 목사님을 알게 됐다. 그분은 최소한의 사례비만 받고 교회 건축을 돕겠다고 제안했다. 그의 이름은 배로우(Virgil Varrows) 목사님으로, 아들과 함께 교회 건축 사역을 했다. 그는 교회 건물만 짓는 'CBA(Church Builders Association)'의 자문을 받아 건축 자재를 저렴하게 지원받고, 교인들이 직접 건축에 참여하자는 제안을 했다. 그래서 교회 안에서 건축 관련 직업이나 업체에 종사하는 교우 20여 명이 모여 의논했다. 모두 이민 2세, 3세 자녀들의 신앙과 삶을 위해 힘들지만 함께 일하자고 만장일치로 동의했다. 이후 제직회와 사무총회를 거쳐 성전 건축을 시작했다. 우리는 배로우 목사님의 감독과 지휘에 따라, 교우들이 주말이나 아침 일찍, 또는 저녁 시간에 짬을 내어 함께 협력하며 직접 건축을 진행했다. 물론 자격증을 필요로 하는 전기 공사나 난방 공사 같은 것은 전문 업체에 맡겼다. 17,000 스퀘어 피트(약 1,579m²) 규모의 본당과 부대시설을 총 공사비 50만 달러의 예산으로 시작했다. 건축에 대해 전혀 문외한인 내가 건축위원장의 중책을 맡게 되어 처음에는 크게 당황했지만, 기도하며 믿음으로 감당할 수 있었다. 뿐만 아니라 많은 교인들이 각자의 삶을 살아가면서도 교회 건축에 힘썼다.

> "그 때로부터 내 수하 사람들의 절반은 일하고 절반은 갑옷을 입고 창과 방패와 활을 가졌고 민장은 유다 온 족속의 뒤에 있었으며, 성을 건축하는 자와 짐을 나르는 자는 다 각각 한 손으로 일을 하며 한 손에는 병기를 잡았는데, 건축하는 자는 각각 허리에 칼을 차고 건축하며 나팔 부는 자는 내 곁에 섰었느니라" - 느 4:16-18

바벨론 포로에서 돌아온 이스라엘 백성들은 예루살렘 성벽을 건축할 때, 암몬 사람들의 조롱과 위협에 맞서 한 손에는 무기를 들고 다른 한 손으로는 성벽을 건축했다. 그들은 서로의 은사만을 주장하지 않고 모두 한마음으로 예루살렘 성벽을 쌓았다. '밤에는 보초를 서고 낮에도 경계를 늦추지 않고 일하며' 이중삼중고를 감당한 것이다. 고대의 성벽은 그 안에 사는 백성들의 안전을 위해 꼭 필요한 건축물이었기에, 이스라엘 백성들은 자신들과 후세대를 위해 그렇게 헌신했다고 생각한다.

이민자들의 삶의 무게가 결코 가볍지 않았음에도 불구하고, 아이들과 함께 하나님께 예배드릴 처소를 위해 모든 성도들이 한마음으로 기도하고 망치를 들었다. 매일 일을 해야만 먹고살 수 있는 이민 초기의 삶이었지만, 모두가 시간을 쪼개고 각자가 할 수 있는 최선을 다 했다. 우리 안에는 몇몇 건축 전문가들도 있었지만, 대부분은 건축과 무관한 사람들이었다. 김현칠 목사님을 비롯해 전도사로 섬기던 박태환 목사님(당시에는 전도사)은 작업복을 입고 굴삭기를 운전하며 땅을 파기도 했고, 벽돌이나 자재들을 운반하기도 했다. 목수일을 하던 집사님은 자신의 생업 시간을 쪼개어 교회 건축에 동참했고, 건설에 필요한 중장비와 도구를 대여하는 회사에서 일하던 성도는 무료로 필요한 장비를 빌려주기도 했다. 또한 음향기구 전문가인 성도는 직접 음향 시설 설치와 장비 구입을 도왔고, 페인트 사업을 하는 분들은 페인트 작업을, 바닥 공사에 종사하는 분들은 바닥에 타일을 까는 일을 도왔다. 이렇게 모든 분야마다 필요한 사람들을 보내 주시어 공사가 진행됐다.

주말과 아침, 저녁으로 많은 교우들이 교회에 나와 자신들이 할 수 있는 일들을 도왔다. 어떤 성도들은 직장에 휴가를 내고 돕기도 했고, 노인들로 구성된 소망회 회원들은 점심을 준비하고 벽돌을 운반하기도 했다. 심지어는 위험한 지붕 공사에도 전문가의 지도를 받아 동참했다. 다리가 후들거리고 발걸음이 옮겨지지 않을 정도로 힘든 작업이었던 것이 기억에 생생하다. 지금 돌이켜보면, 안전사고 한 건 없이 모든 공사를 마치게 된 것은 전적인 하나님의 은혜였음을 고백하지 않을 수 없다.

다양한 생각과 의견을 가진 모든 성도들이 하나 되어 교회를 건축하는 것이 쉽지 않음을 알지만, 건축하는 동안 기도가 끊이지 않았고 많은 기도 응답 가운데 건축 역사는 계속됐다. 교회 건축에 있어서 가장 중요한 문제는 재정이었다. 교회 건축은 집 한 채를 짓는 것이 아니라, 건물 한 동을 짓는 정도의 재정이 필요했다. 건축을 위한 재정 문제는 성도들만의 헌금만으로는 짧은 시간에 채워질 수 없었다. 융자가 필요했다. 하지만 이민자들에게는 담보를 잡을 만한 것도 없었다. 참으로 하나님의 도우심이 필요한 일이었다. 한번은 필요한 건축 기자재가 있어 급히 기도했을 때, 아내가 일하는 은행에서 40만 달러를 융자받게 해주셨다. 이를 어떻게 갚을까 하는 두려움도 있었지만, 재정이 너무 긴급하여 은행으로부터 대출을 받았다. 물론 건축하는 내내, 교회의 모든 성도들은 부족한 재정이 채워질 수 있도록 계속 기도했다. 놀랍게도 건축이 끝난 후 이 돈도 미국 남침례교단(SBC) 국내선교부에서 빌려준 40만 달러로 갚을 수 있었다.

물론 교회 건축이 항상 우리가 계획한 대로 진행된 것은 아니었다. 건축이 끝나 본당에 카펫을 깔고 의자들을 놓고 준공 감사 예배를 드리기로 날짜를 정하고, 건축 완공과 사용 허가를 관련 당국에 신청했다. 그런데 본당 천장에 스프링클러가 설치되어 있지 않다고 사용 허가를 내주지 않았다. 이를 설치하기 위해서는 본당 천장을 다시 뜯어내고 재공사를 해야만 했다. 시간도 문제지만 재정적으로도 큰 문제였다. 전 교인이 본당에서 예배를 드리고 싶어 하는 간절한 마음으로 기도하며 관계자들과 접촉하며 방법을 모색했다. 감사하게도 그들의 마음을 움직여서 스프링클러 대신에 나무에 불이 잘 붙지 않는 불가연성 페인트를 칠하는 것으로 합의했다. 그래서 헌당 예배 일정을 지키기 위해, 교회 약 30여 명의 젊은이들과 건축에 종사하는 교우들을 저녁에 총동원했다. 의자들 사이에 긴 나무 기둥들을 세우고 이를 연결하여 천장 페인트 작업을 할 수 있는 작업판을 만들었다. 페인트 경험이 있는 집사님들은 작업판에 올라가 페인트칠을 했고, 일부는 밑에서 필요한 도구들을 올려주었다. 모든 작업이 쉽지 않고 위험한 작업이었다. 그렇게 밤샘 작업을 하여 새벽에 모든 작업을 마쳤을 때, 모두 눈물을 흘렸고 누가 먼저라고 할 것 없이 모두 손을 잡고 여기까지 인도해 주신 하나님께 감사의 기도를 드렸다.

“여호와께서 집을 세우지 아니하시면 세우는 자의 수고가 헛되며 여호와께서 성을 지키지 아니하시면 파수군의 깨어 있음이 헛되도다” – 시 127:1

우리는 진심으로 고백했다. 건축에 대해 무지한 우리가 서로 연합하여 교회를 건축한다는 것, 심지어는 말도 제대로 통하지 않고 법도 모르는 미국 땅에서 교회당을 건축한다는 것은 하나님의 은혜가 아니면 불가능한 일이었음을. 비록 크고 웅장한 교회 건물은 아니었지만 모든 성도의 기도와 눈물 나는 헌신으로 이루어진 아담하고 아름다운 새 예배당이었다. 1980년 11월 9일, 창립 6주년 기념 및 헌당 감사 예배를 드렸을 때, 모든 성도의 기쁨과 감사는 이루 말할 수 없었다. 그리고 최관용, 이상훈, 이한일 집사의 초대 안수집사 안수식을 갖고 교회는 천국 확장을 위해 새로운 발걸음을 내디뎠다.

“하나님이 참으로 땅에 거하시리까 하늘과 하늘들의 하늘이라도 주를 용납하지 못하겠거든 하물며 내가 건축한 이 성전이오리이까 그러나 내 하나님 여호와여 주의 종의 기도와 간구를 돌아보시며 이 종이 오늘 주 앞에서 부르짖음과 비는 기도를 들으시옵소서 주께서 전에 말씀하시기를 내 이름이 거기 있으리라 하신 곳 이 성전을 향하여 주의 눈이 주야로 보시오며 주의 종이 이곳을 향하여 비는 기도를 들으시옵소서” – 왕상 8:27–29

교회의 시련과 워싱턴지역 연합부흥집회

1970년대 초반에서 80년대 초반까지, 대부분 미국 이민 교회들은 양적으로 크게 성장했다. 하지만 성경 말씀에 대한 갈증과 영적 성장에 대한 열망으로 성도들이 많이 방황하는 시기였다. 한국에서 부흥 강사들이 오면, 주변의 많은 교인들이 몰려가 갈급함을 채우기도 했다. 심지어는 부흥 강사의 말씀을 자기 교회 담임 목사님과 비교하며 불만을 터트리는 경우도 있었다. 우리 교회도 교회 건축이 은혜롭게 끝나자 건축에 대한 열심을 다른 곳으로 표출했다. 담임 목사에 대한 불만을 가진 일부 성도가 교회를 떠나 다른 교회를 개척하는 아픔도 있었다. 그럼에도 교회는 계속 성장했다.

마침 1982년 5월 11일부터 13일까지 사흘간 워싱턴 지역 교회 연합으로 버지니아에서 부흥 집회가 열렸다. 서울침례교회 담임 목사인 이동원 목사님이 주 강사였다. 당시 유명 연예인인 구봉서, 곽규석 등 몇 분도 간증자로 초청됐다. 이동원 목사님은 나의 장인인 고(故) 박진규 목사님이 수원에서 사역하실 때부터 알던 사이였다. 그래서 워싱턴에 도착하던 날, 그분과 일행들을 우리 집에 모시고 식사를 대접하는 기회를 가졌다. 이동원 목사님은 당시 30대의 젊은 목사였지만, 탁월한 말씀의 은사를 가진 분이었다. 그분의 집회는 말씀에 대한 갈증을 느끼던 교포 사회에 큰 반향을 일으켰다. 많은 사람의 요청에 따라 집회가 연장됐다. 나중에 알게 된 사실이지만, 김현칠 목사님도 그 집회를 통해 은혜를 받았다. 그리고 '만약

저런 분을 우리 교회에 모시게 된다면 얼마나 좋을까' 생각했다고 한다. 마침 김현칠 목사님은 남침례교단 국내선교부로부터 한인들이 가장 많이 사는 캘리포니아 주 선교 담당자로 초빙을 받은 상황이었다.

김 목사님은 나에게 본인의 후임으로 이동원 목사님을 모시면 어떨지 물어봤다. 그러나 나는 김 목사님이 교회를 개척하고 하나님의 은혜로 증축하고, 이제는 교회가 안정되어 550여 명(청소년과 어린이 150명 포함)으로 성장했는데 떠나신다고 하여 만류했다. 하지만 김 목사님은 자신은 교회를 개척하는 일에는 달란트가 있지만, 말씀으로 성도들을 양육하기에는 적합하지 않다고 말했다. 비록 친구 목사였지만 그의 겸손한 자세는 존경스러웠다. 결국 김 목사님은 이동원 목사님을 만나 그의 생각을 말씀드리고 우리 교회 담임 목사님으로 오실 것을 부탁했다. 갑작스러운 제안에 이동원 목사는 처음에는 당황하며, 기도해 보겠다고 하고 한국으로 돌아갔다. 일반적으로 '기도해 보겠다'는 것은 겸손한 거절의 표현이라고 생각했지만, 왠지 모르게 '새로운 담임 목사님이 될 것'이라는 확신이 들었다. 김 목사님은 공식적으로 이 문제를 제직회에 안건으로 제안했다. 모든 제직자들은 담임 목사님의 제안에 아쉬움도 많았지만, 평소 말씀대로 교회는 특정한 어느 누구의 교회가 아니라 '하나님의 교회'라는 담임 목사님의 확고한 믿음에 순종하며, 또 다른 부흥을 꿈꾸게 됐다.

제2대 담임 목사 이동원 목사 청빙

교회는 이동원 목사님을 제2대 담임 목사로 모시기로 결의하고 청빙위원회를 구성하여 이동원 목사님에게 공식 초청장을 보냈다. 그리고 김현칠 목사님은 남침례교단 국내선교부의 캘리포니아 주 선교 책임자로 임명되어 1982년 12월 말 교회를 떠났다. 우리의 계획대로라면 이동원 목사님은 그 다음 해 1월 초 2대 담임으로 부임하는 것이었다. 모든 것이 순조롭게 진행되는 듯했다. 하지만 이동원 목사님이 사역하시는 한국 서울침례교회에서는 그분을 보내기 싫어했다. 이 목사님도 미국으로 오는 것을 보류했다. 그래서 교회는 청빙위원이었던 나에게 교회 대표로 한국에 가서 이동원 목사님과 서울침례교회 대표 등 여러 사람을 만나 설득하라는 책임을 맡겼다. 그리하여 나는 13년 만에 처음으로 그리운 나의 조국, 대한민국에 오게 됐다.

아브라함이 이삭의 아내를 구하기 위해 늙은 종을 보냈을 때, 그는 브두엘과 라반에게 다음과 같이 말했다. "그 사람이 이르되 내가 내 일을 진술하기 전에는 먹지 아니하겠나이다"(창 24:33). 늙은 종도 피곤했을 것이다. 하지만 자신의 주인 아브라함의 특별한 부탁과 신임을 얻었기에 분명한 사명감도 가지고 있었다. 그래서 늙은 종은 우선적으로 브두엘의 딸 리브가의 혼인을 요청했다. 솔직히 나에게도 특별한 사명감이 있었고, 교회에 너무나 중요하고 긴급한 문제였기에 이 일이 끝나기 전에는 13년 만에 밟은 고국 땅이지만 그리운 부모님과 친지들을 만나지 않았다.

나는 우선 이동원 목사님과 우명자 사모님을 만났다. 우리는 서로 안타까운 사정만 나눴다. 나는 미국 교회 입장에서 꼭 청빙해야 하는 이유를 설명했고, 이 목사님은 한국 교회 입장에서 떠날 수 없는 사정을 호소했다. 이야기는 겉돌고 결론이 나지 않았다. 나는 당장 오시지 않더라도 가까운 시일 내에 오신다는 약속이라도 받고 싶었다. 우리는 기도하고 다음 날 아침에 다시 만나기로 했다. 다음 날 아침, 기도하는 중에 이 목사님은 약속을 해 주셨고, 함께 사역할 세 분을 추천하셨다. 그중 한 분이 가까운 뉴욕 주에 있는 생명의 말씀 성경학교(Word of Life Bible Institute)에서 공부하던 김두화 전도사였다. 그는 미국 선교사의 양자가 되어 미국에서 신학 공부를 하고 있었고, 극동방송국 신앙 상담 실장과 OM 선교회 로고스 사역 경험이 있었고 영어도 잘하는 분이었다. 그는 김현칠 목사님이 떠나시고 이동원 목사님이 부임하시기 전까지 매주 금요일이면 비행기를 타고 와 주일 예배를 인도해 주셨다. 예배 후에는 성경 공부반을 인도했는데, 특히 대학생들과 청년들에게 깊은 관심을 갖고 매우 부지런하게 사역하다 월요일이면 다시 비행기를 타고 신학교로 돌아갔다. 신학교를 졸업한 후에는 전임으로 교회 사역에 전념하시며 이 목사님께도 교회 상황을 보고하며 동역을 하셨다. 김두화 전도사님은 영혼 구원을 위해 열정적으로 복음을 전했고, 젊은이들에게 선교에 대한 도전을 했다.

한편 이동원 목사님 부임이 늦어지자 주위의 다른 교회 성도들과 목사님들 중에는 이 목사님이 오시지 않을 것이라며 속히 다른 분을 모셔야 한다는 의견들이 나오기 시작했다. 하지만 나는 하나님께서 이 목사님을 보내실 것이라는 확신이 있었기에 전 교인이 하나가 되어 기도하자고 말했다.

드디어 1983년 8월 초, 모든 성도들이 기다리던 2대 담임 목사인 이동원 목사님이 우명자 사모님과 어린 두 아들을 데리고 부임했다. 이 목사님이 도착하시자 제일 먼저 한 일은 교회 안수 집사 세 사람을 비롯하여 리더들을 성경 말씀으로 훈련하는 것이었다. 나도 안수 집사로서 다른 두 분과 함께 토요일 새벽에 목사님 방에서 만남을 가졌다. 돌아보면 그때 안수 집사들이 성경 공부를 하면서 영적으로 더 성숙하게 되는 계기가 됐다고 생각된다. 그리고 이 목사님은 김두화 전도사님과 함께 단계별로 성경 공부 교재를 개발하여 전 교인이 성경 공부반에 참여하게 했다. 교회는 점점 건강하게 성장했고, 주위의 많은 교회들도 우리 교회의 성경 공부 시스템과 교재를 참고하여 말씀 중심의 교회로 성장했다.

5.
교회에서의 삶과 사역들

주일학교 교사 및 전도폭발 사역

나는 제일한인침례교회(현 워싱턴 지구촌교회)의 창립 멤버로 초대 안수집사와 집사장, 재정위원장, 건축위원장 등을 역임하며 많은 시간을 주일학교 교사로 섬겼다. 이동원 담임 목사님은 집사들을 훈련시킨 후, 교회 일꾼으로 임명하여 본인이 배운 것들을 실천하고 가르치게 했다. 나도 새 생명반을 시작으로 제자반, 최선의 삶(Master Life) 반, 전도 폭발(Evangelism Explosion) 훈련자와 교사로 섬겼다. 다른 사람들을 가르치기 위해서는 더 공부하고 기도하며 준비해야 하기에 자신의 영적 성장도 결코 게을리할 수 없었다. 이 사역을 하면서 구원의 확신을 갖게 되었고, 삶의 변화와 영적 성장을 맛보는 교우들을 보면서 기쁘고 감사했다. 특별히 낮에는 직장에서 일하고, 저녁에는 전도 폭발 훈련을 받고 늦은 저녁까지 복음을 전했는데, 전도 대상자들이 구원받는 모습을 통해 나 자신도 변하고 기뻐했던 모습이 오랫동안 기억에 남는다. 그중 특별히 기억나는 몇 사례들을 여기서 나누어 보려고 한다.

제자반에서 공부한 A 형제는 미국에서 공부하고 IT 분야 회사를 설립하여 크게 성공한 사업가였다. 워낙 바쁜 형제라 제자반 성경 공부를 끝마치지 못할 것이라 생각했지만, 바쁜 일정 중에도 성실히 참여했다. 우리는 바쁘다는 핑계로 하나님의 말씀을 대면하는 것을 미루기도 하지만, A 형제는 바쁜 일정 중에서도 성경 공부 시간을 우선순위에 두었다. 그는 이 과정을 통해서 구원의 확신을 갖게 되었고, 후에 감사하다는 내용의 편지를 전해주었다. 그리고 그가 설립한 회사는 국제적인 IT 및 공항 건설 회사로 성장하여 인천 국제공항 건설의 주계약회사로 참여하기도 했다. 그는 은퇴 후에도 세계 여러 지역을 방문하여 세미나와 강연을 통해 그의 성공 사례를 간증하며, 땅끝까지 가서 세상 사람들에게 증인의 삶을 살고 있다.

B 자매는 박사 학위가 있는 매우 똑똑한 자매였다. "최선의 삶" 과정을 공부하는 시간에, 나는 학생들에게 빳빳한 1달러짜리 2장씩을 나누어 주면서 이 돈으로 가장 의미 있게 사용하고 다음 시간에 보고하라고 했다. 그녀는 처음에는 어리둥절하면서 공부하느라 수고했으니 커피를 사 먹으라는 것으로 생각했다고 한다. 그런데 기도 중에 주님이 가장 기뻐하시는 일을 위해 사용해야 함을 깨닫고, 전도를 위해 설교 테이프 1개를 샀다고 한다. 그녀는 설교 테이프를 전도 대상자에게 주었다. 그런데 얼마 후, 그 전도 대상자가 우리 교회에 나왔다. 커피 한 잔 값 정도밖에 안 되는 작은 물질이 한 영

혼을 살리는 놀라운 변화에 그녀는 놀랐고, 감사하다고 고백했다.

C 형제는 교회를 오랫동안 다니기는 했지만 구원의 확신이 없었다. 그는 낚시를 좋아해 주말에 날씨가 좋으면 물고기 잡으러 가고, 흐리거나 비가 오면 교회에 왔다고 했다. 하지만 그의 부인이 남편을 위해 오랫동안 기도하는 중에 전도 폭발팀에게 방문해 줄 것을 부탁했다. 한번은 나와 전도 폭발 훈련생 두 사람이 저녁에 그 집을 방문했다. 그날은 한 훈련생이 복음을 전하고, 다른 훈련생은 열심히 기도하기로 계획했다. 훈련생은 복음을 전체적으로 전해본 적이 한 번도 없었기에 성령님의 도우심을 간절히 구하며 천천히 떨리는 목소리로 복음을 전했다. 그런데 놀랍게도 C 형제는 그날 예수님을 구주와 주님으로 영접했고 모두 기뻐하며 함께 감사의 기도를 드렸다. 그는 이전에도 복음을 여러 번 들었지만 잘 이해되지 않았는데, 이번에는 마음에 감동이 넘치고 예수님을 영접할 수 있게 되었다고 기뻐했다. 복음을 전한다는 것은 그저 배운 것을 잘 외우고 말을 잘해야 하는 것이 아니라, 성령님의 도우심과 역사가 있지 않으면 울리는 꽹과리 소리처럼 아무 의미가 없다는 것을 다시금 깨닫는 기회가 됐다. 우리 전도팀은 성령님이 전도의 미련한 방법으로 한 영혼을 살리심을 다시 한번 경험한 것이다.

"하나님의 지혜에 있어서는 이 세상이 자기 지혜로 하나님을 알지 못하므로 하나님께서 전도의 미련한 것으로 믿는 자들을 구원하시기를 기뻐하셨도다." _ **고전 1:21**

전도 폭발 사역(Evangelical Explosion, EE)은 플로리다(Florida)주 코럴 리지 장로교(Coral Ridge Presbyterian Church)의 제임스 케네디(James Kennedy) 목사님이 시작한 전 세계 약 50여 개국에서 활용되는 좋은 전도 훈련이다. 전도 폭발 프로그램은 15주간 계속되는 긴 과정임에도 불구하고 많은 교회들이 지금도 이 프로그램을 실시하고 있다. 매주 숙제를 점검하고, 교실에 모여서 교육을 받고, 현장 실습을 나가야 한다. 특히 현장 실습은 이 사역의 핵심 훈련이라고 할 수 있다. 훈련생들은 두 사람의 기도 후원자를 모집하여 과정이 끝날 때까지 훈련생을 위해 기도로 동참하도록 부탁해야 한다. 그리고 기도 지원 아래, 교실 수업이 끝나면 훈련생 두 사람과 훈련자 한 사람, 이렇게 총 세 사람이 한 팀이 되어 현장 실습에 나가서 복음을 전해야 한다. 전도 폭발 사역의 훈련은 시간적으로도 많은 부담이 있고, 특히 미국에서는 사전 예고 없이 가정을 방문한다는 것은 결코 쉬운 일이 아니다. 미국은 총기가 허용된 나라이기 때문에 많은 집에서 총기를 소유하고 있다. 만일 자기 집에 허가 없이 들어오면 심지어 발포할 수도 있다. 또한 애완견을 키우는 집도 많다. 말이 애완견이지 사람 덩치만 한 개들이 많았고, 외부인들이 오면 심하게 경계하기 일쑤다. 하지만 사전에 방문해도 되겠냐고 연락하면 대개는 여러 가지 이유를 대고 거절하곤 한다. 그래서 항상 기도하는 심정으로 두려움과 떨림으로 전도 훈련에 임하게 된다.

나는 교회에서 이 사역의 총 책임을 맡아 훈련 계획을 세워 교실 강의와 현장 실습 지도를 했다. 아내는 주로 그 주간에 방문할 전도 대상자를 찾아 명단과 주소를 작성해서 각각의 팀들에게 나누어 주었다. 하지만 많은 경우 문전박대를 당하거나, 전도 대상자가 부재한 경우가 많았다. 더욱이 지금은 길을 찾아주는 어플이나 GPS가 있어서 쉽게 목적지를 찾아갈 수 있지만, 그 당시에는 갓길에 잠시 정차하여 종이 지도를 수시로 찾아보면서 방문해야 했다. 솔직히 그 당시에는 종이 지도가 불편하다는 생각이 전혀 없었다. 오히려 그것이 있어서 편안하고 감사했었다. 지금은 세상이 훨씬 편해졌는데도 왜 이렇게 감사가 적어졌을까? 또한, 지금은 쉽게 전도 대상자의 집을 방문할 수 있지만, 전도 횟수는 더 줄어든 것 같아서 안타깝다.

우리는 힘들게 현장 실습을 마친 전도팀들이 모두 교회로 돌아올 때까지 기다려 각 팀의 사역 보고를 들었다. 어떤 팀은 영혼 구원에 대한 놀라운 보고를 하며 감사와 기쁨을 나누기도 하고, 어떤 팀은 성과가 없어서 실망하기도 했다. 하지만 우리는 알고 있었다. 주님 말씀에 순종하여 복음 들고 한 영혼에게 나아가고자 한 것 자체를 주님이 기뻐하심을. 그래서 우리는 기쁨으로 전도 사역을 계속 감당할 수 있었고, 피곤하긴 해도 내일을 기약하며 행복한 꿀 잠을 잘 수 있었다.

점차 주변에서 전도 요청이 많아졌다. 우리 교회가 위치한 메릴랜드에서 떨어진 버지니아(Virginia) 지역 교우들도 전도 요청을 해 왔다. 그래서 화요일 저녁은 메릴랜드 지역에서, 목요일 저녁에는 버지니아 지역에서 복음을 전했다. 마치 옆 동네로 전도 여행 가는 것처럼 들릴 수 있는데, 버지니아는 교회에서 편도로 약 50마일(80km) 정도 떨어진 곳이다. 그래서 버지니아에서 모이는 날에는 보통 새벽 1시경에야 집에 돌아오는 경우가 많았다. 하지만 이로 인해 주님 앞으로 돌아올 수많은 영혼들을 생각할 때면 피곤한 줄 몰랐다.

사역이 점점 확장되어 영혼 구원 사역의 사명과 전도 훈련의 중요성을 나누기 위해 미주 전체 목사님들과 교회 지도자들을 대상으로 하는 '지도자 임상 훈련'을 계획하고 진행하게 됐다. 나는 보다 준비된 훈련자로 서서 지도자 임상 훈련을 준비하기 위해 멀리 떨어진 플로리다(Florida)에서 목회하는 케네디 목사님이 직접 인도하는 프로그램에 참석해 훈련을 받았다. 참으로 많은 평신도들의 전적인 섬김과 헌신을 통해 사역이 계속 확산되어 가는 현장을 볼 수 있어서 감사했다.

감사하게도 1989년 8월 25일부터 30일까지 전미주 9차 전도폭발 지도자 임상 훈련이 우리 교회에서 진행됐다. 당시, 미주와 캐나다에서까지 담임 목사님들을 비롯한 교역자와 평신도 리더 53명이 참가 신청을 했다. 당시 우리 교회는 다목적 강당 및 체육관 건축을 진행하고 있었고, 교실이 없어 임시로 트레일러(Trailer)를 여러 개 빌려서 만든 간이 교실을 사용하고 있었다. 이로 인해 큰 행사를 할 만한 여건이 아니었다. 그럼에도 불구하고, 이동원 목사님은 건축은 사역을 위한 공간을 준비하는 것이기 때문에, 건축 때문에 성경공부나 전도 사역 자체가 중단돼서는 안 된다고 하셨다. 목사님은 성도들을 격려하고 함께 기도하며 도전하게 했다. 감사하게도 바로 앞에 있는 미국 교회의 시설 일부를 빌려 임상 훈련을 시행했다. 이를 통해 지도자의 역량의 중요성을 경험하게 됐다. 환경과 조건이 어려우면 물러나기 일쑤이지만, 지도자의 분명한 사역 방향과 우선순위는 많은 제약 조건을 뛰어넘을 수 있도록 한다. 물론 이 행사는 모든 교인들의 자발적인 헌신과 섬김으로 많은 전도의 열매를 맺었고, 넘치는 은혜가 임했다. 우리 부부는 전도의 열정이 점점 뜨거워지면서, 10년 동안 이 사역을 위해 헌신하고 섬기다가 2000년에 선교 현장으로 하나님의 부르심을 받고 떠났다.

한인 기독실업인회(CBMC) 창립과 사역

CBMC(Christian Business Men's Committee) 사역은 다양한 분야의 사업가들과 의사, 변호사 및 회계사 같은 전문인들이 모여 복음을 전하는 단체다. 예수 그리스도가 우리의 구주 되심을 전하기 위해 1930년대 미국 시카고에서 시작되어, 지금은 전 세계로 확산된 국제적인 복음 전도 단체다. 나는 많은 사업가들을 만나는 회계사였기에 이를 통해 복음을 전하려 노력했다. 또한 나처럼 세상에서 일하면서 복음을 전하는 사람들이 많아져 동역할 수 있기를 소원했다. 그래서 한인 비즈니스 사회에도 CBMC 사역이 정착되면 좋겠다는 생각을 가졌다. 이와 관련하여 이동원 목사님께 자문을 구했는데, 놀랍게도 목사님은 처음에 미국에서 공부할 때 미국 CBMC 회장이자 국제 CBMC 총재를 역임한 분의 도움으로 유학했다고 했다. 이에

이 목사님은 이 사역을 적극적으로 지지하며 기도해 주었다.

1984년 초, 나는 지역의 미국 CBMC 책임자를 소개받았다. 워싱턴 D.C.를 중심으로 수도권 지역의 한인들을 위한 CBMC를 조직하여 사역하고 싶다고 전화로 말했다. 아침 7시에 약속을 잡고 버지니아에 있는 그분의 사무실로 찾아갔다. 노년의 신사 한 분이 문에서 기다리다가 나를 반갑게 맞아 사무실로 안내해 주었다. 테이블 위에는 따뜻한 커피와 각종 발표 도구들이 가지런히 놓여 있었다. 한 번도 만난 적 없는 젊은 동양인을 위해 CBMC 사역을 소개하려고 준비하는 그분의 모습에 감동을 받았다. 지극히 작은 자를 섬기는 그의 품성과 CBMC에 대한 열정은 나에게 큰 도전이 됐다. 그는 미국 CBMC 노스이스트 디비전(Northeast Division)의 책임자(Director)인 에드윈 실(Edwin L. Seal Sr.)이었다.

커피를 마시며 간단한 인사를 나눈 후, 그는 갑자기 자신이 예수님을 만난 간증을 했다. 솔직히 나는 CBMC에 대한 소개와 조직, 사역 방식에 관한 설명을 기대하고 갔는데 상황이 전혀 다르게 전개된 것이다. 처음 보는 사람 앞에서 구원 간증을 나누는 것이 어색할 법도 한데, 그는 너무나 자연스럽게 자신의 구원 간증을 했다. 이는 분명 그가 평소에 예수님을 증거하는 삶을 살고 있었기 때문이라고 생각했다. 자기 간증을 마친 후, 그는 나의 간증을 듣고 싶다고 했다. 나는 서투른 영어로 간증을 했다. 서로 간증을 나눈 후, 그는 미국 CBMC 사역을 영상으로 소개했다. 그리고 한인들을 위한 CBMC 조직 계획에 적극 찬성하며, 이를 위해 CBMC에서 제공하는 성경 공부에 관해 설명했다.

그 후 그가 소개해 준 다른 CBMC 멤버와 함께 CBMC에서 사용하는 '디모데 전략'(Operation Timothy, OT) 공부를 했다. 그분 역시 매주 한 번씩 근무 시간 전인 아침 7시에 자신의 사무실로 우리 부부를 초대하여 15주 동안 성경 공부로 섬겨주었다. 그는 버지니아 지역의 자동차 딜러에서 일하는 형제였다. 참으로 많은 예수님의 제자들이 다양한 직업을 통해서 전도자의 삶을 살고 있음을 알게 됐고, 그들의 열정 또한 사역자 못지않게 뜨거움을 느낄 수 있었다.

우리 부부가 15주간의 공부를 마치자, 그는 소그룹 기도 모임에 우리를 초대했다. 7~8명의 회원들이 토요일 아침마다 모여 성경을 읽고 기도하는 모임이었다. 특이한 점은 모든 참석자들이 각자 전도 대상자 10명의 이름이 적힌 카드를 책상 위에 놓고, 이름을 불러가면서 기도한다는 것이었다. CBMC 정식 회원이 되면 반드시 'Most Wanted 10 Card'라는 조그만 카드에 10명의 전도 대상자 이름을 기록하여, 항상 주머니에 넣고 다니다가 기회가 날 때마다 그들을 위해 기도하고 복음을 전해야 한다고 했다.

"너는 말씀을 전파하라 때를 얻든지 못 얻든지 항상 힘쓰라" _ **딤후 4:2a**

이는 마치 전도 폭발 프로그램이 각 직장에서 또 다른 형태로 진행되는 것 같았다. 이 과정을 통해 CBMC 회원 자격을 얻고, 공식적으로 미국 CBMC 본부로부터 워싱턴 지역 한인 CBMC 지부(Chapter) 조직에 대한 허가를 받았다. 나는 본격적으로 워싱턴 지역 한인 CBMC 조직 구성을 위해 기도하기 시작했고, 담임 목사님도 이 사역을 위해 함께 기도해 주었다. 그리고 당시 워싱턴 지역에서 많은 사람들의 존경과 신뢰를 받는 두 분의 장로님을 초청하여 식사를 하며 계획을 나누었다. 그리고 이들의 지지와 함께 워싱턴 지역 한인 기독실업인회(CBMC)의 창립을 위한 기도 모임을 시작하게 됐다. 창립을 위한 첫 기도 모임은 당시 볼티모어 지역의 벧엘교회를 개척하고 신학교 교수이기도 한 김상복 목사님과 함께 시작했다. 두 번째 기도 모임에서는 전에 만났던 미국 CBMC 노스이스트 디비전 책임자인 에드윈 실을 초대하여 미국 CBMC의 활동 상황을 들으면서 기도 모임을 가졌다.

드디어 1984년 4월 28일, 19명의 워싱턴 지역 한인 기독 실업인들이 모여 창립총회를 개최했다. 차피터 장로님을 초대 회장으로, 내가 부회장으로 섬기며 출발하게 됐다. 우리는 교통이 편리한 지역의 한 호텔에서 매주 토요일 새벽 6시에 모임을 가졌다. 이 모임에서 나는 디모데 전략 교재를 가지고 15주간의 성경 공부를 인도했는데, 예상보다 많은 21명이 참석했다. 그들은 모두 이 지역에서 예수님의 제자로 신앙생활을 하는 신실한 분들이었다. 이후 이 모임은 더욱 커져, 그해 10월 13일에 이동원 목사님을 모시고 전도 만찬의 밤을 가졌을 때는 76명이나 참석했다. 이러한 성장으로 인해 1984년 10월 18일, 마침내 미국 CBMC 본부로부터 워싱턴 D.C.

한인 CBMC 지부(Washington DC Korean Committee, 워싱턴 한인 기독실업인회)로 정식 인준을 받았다. 이는 미국 CBMC 내에 최초의 한국인 중심 지부였다. 물론 당시 LA 지역에 한인 CBMC가 있었지만, 이 조직은 한국 CBMC와 연결되어 한국 지부로 활동한 것으로 알고 있다. 워싱턴 지역 한인 기독실업인회는 점점 성장하여 워싱턴 D.C.와 볼티모어 지역까지 확장됐고, 1986년에는 제가 한인 기독실업인회 2대 회장을 맡게 됐다.

한번은 김상복 목사님의 요청으로 장로님 한 분을 소개받아 새벽 시간에 제 사무실에서 디모데 전략 성경 공부를 했다. 그 장로님은 건축 전문가로 미국에 온 지 오래됐고 미 국무성에 등록된 회사를 운영하며, 주로 해외에 있는 미 대사관의 건축과 보수 등을 전문적으로 맡아 하는 회사를 운영하고 있었다. 그는 성경 공부를 하기 위해 볼티모어에서 먼 거리를 오면서도 늦는 법이 없었고 열심히 성경 공부에 참석했다. 그는 성경 공부를 마치고 우리 부부를 초대한 식사 교제에서, 체계적인 성경 공부는 처음이었고 많은 것을 배울 수 있었다고 기쁨으로 간증했다. 그리고 자신의 사업을 통해 예수 그리스도의 사랑을 전하겠다고 고백했다. 또한 그는 사업 목적으로 해외에 많이 나가는데, 그 지역의 한인 선교사들을 만나 격려하는 사역을 하겠다는 결심도 했다. 그 후 그분은 자기 사업장이 해외 선교의 전진 기지라고 생각하고 성실하게 사업과 하나님의 사역을 함께 했다. 그리고 나중에 그는 제4대 워싱턴 지역 한인 기독실업인회 회장으로 충성되게 섬겼다.

흑인 지역사회와의 화합

어느 날 한국 기독실업인회 회장을 역임한 벽산 그룹 김인득 장로님이 우리 기도 모임에 참석했다. 김 장로님은 한국 CBMC가 우리 기독실업인회를 도울 사역이 있으면 돕고 싶다고 제안했다. 그 당시 워싱턴 D.C. 안의 한인들은 소규모로 식당 및 식품점, 세탁소 등을 운영하는 사람들이 많았다. 그런데 왠지 모르게 흑인 사회와 갈등으로 어려움을 겪고 있었다. 특별히 어느 중국인이 운영하는 가게에서 흑인 소년을 쫓아냈다는 뉴스가 보도되자, 흑인 주민들이 항의하며 시위하는 모습이 더욱 긴장감을 키웠다. 당시 많은 미국인들은 한국이라는 나라를 잘 알지 못했기 때문에, 동양인은 중국인 혹은 일본인으로만 생각했다. 이로 인해 한인 사회도 어려움을 겪었다.

그래서 우리 기독실업인회 임원들과 토의한 후, 이 문제를 해결하기 위해 흑인 사회 리더들을 한국에 초청했다. 한국과 한국인을 이해할 수 있는 기회를 갖도록 요청한 것이다. 비록 한국은 86년 아시안 게임을 치를 만큼 경제적으로 많이 성장했지만, 여전히 많은 미국인들이 한국을 저개발 국가로 생각하며 무시하는 경향이 있었기 때문이다.

김인득 장로님은 한국으로 돌아가서 즉각적으로 이 일을 추진하겠다고 약속했다. 그리고는 흑인 사회 리더 약 20여 명을 한국에 초청하는 비행기와 체재 및 여행 경비 등 일체를 한국 기독실업인회에서 부담하도록 하겠다고 알려왔다. 우리는 워싱턴 D.C. 정부 시장

보좌관 중 종교 담당자를 만나 행사 취지를 설명했다. 종교 담당자는 적극 찬성했다. 이에 흑인 목사 9명, 워싱턴 D.C. 시장의 종교 담당 보좌관 1명, 경찰국 국장급 간부 1명, 평신도 리더 4명과 흑인 신문 기자 한 사람을 모집했다. 우리 CBMC에서도 나를 포함해 4명의 임원이 참여하여 총 20명이 방문하게 됐다. 미국 대표단 단장으로는 성도가 약 5천 명 정도 되는 사일로 침례교회(Silo Baptist Church)의 그레고리(Henry Gregory) 목사와 내가 공동 대표를 맡게 됐다. 김 장로님과 한국 CBMC의 전폭적인 지원으로 1986년 10월 27일부터 11월 3일까지 한국을 방문할 수 있었다.

우리 일행은 한국 교회와 산업 시찰, 문화 탐방, 고적 답사, 휴전선 등을 방문했다. 특히 그들은 여의도 순복음교회 주일 예배에 참석했는데, 우선 엄청난 교회 규모에 놀랐다. 수많은 성도들이 예배를 위해 들어오고 나가는 모습이 마치 바다의 거대한 파도가 밀물과 썰물처럼 밀려 나가는 것 같아서 놀라워했다. 또한 한국 교역자협의회의 도움으로 흑인 목사님들이 서울 시내 몇몇 교회에서 수요 예배를 인도할 수 있는 기회도 가졌다. 우리 일행 중 어떤 분은 처음에는 수요 예배라고 하니 몇 명이나 참석할까 생각하며 별로 기대하지 않았다고 했다. 그런데 수요일 저녁에 1,000명 이상의 성도들이 모여 예배드리는 모습을 보고는 놀람과 큰 감동을 받았다고 고백했다. 그들은 한국인의 신앙 열정에 놀라 한국인을 새롭게 알게 됐다고 했다. 그리고 한국 기독실업인회도 점심, 저녁 식사 때마다 호텔이나 큰 식당에서 대접해 주었고 기념품 등을 전달하며, 우리 일행 모두를 예수 그리스도의 사랑으로 감동시켰다. 솔직히 한국 기독실업인회를 통해서 한국에 대한 이미지를 개선할 수 있었고, 국위 선양에 큰 기여를 한 셈이었다. 또한 정부 당국의 협력으로 산업 시찰 및 고적 답사, 휴전선 지역 방문 등 모든 일정을 잘 마쳤다.

한국 방문을 마치고 돌아온 흑인 목사님들은 각자의 교회에서 설교를 하면서 한국인에 대한 좋은 인상과 한국 기독교인들의 성실, 친절, 부지런함은 물론 뜨거운 신앙심에 대한 이야기를 전했다. 또한 신문과 방송으로 한국을 소개하고, 그곳에서 받은 인상들을 긍정적으로 소개했다. 실로 한국인들에 대한 흑인들의 생각에 큰 변화를 가져온 사건이었다. 우리는 한국 방문 이후, 흑인 사회 리더들과 신문 방송 관계자들을 만찬에 초대했다. 흑인 사회 목사님들은 한국과는 달리 대개 정치적인 영향력이 컸다. 만찬에는 워싱턴 D.C. 시장을 비롯해 하원의원 몇 명과 워싱턴 포스트를 비롯한 여러 언론사 기자들과 방송인들이 참석했다.

외국에 나가면 누구나 애국자가 된다는 말이 있다. 당시 아직 국력이 약해서 많은 미국인들은 동방의 작은 나라를 알지 못했다. 많은 한인들은 자신이 한국인이라는 분명한 자부심을 갖고 있었지만, 힘없는 작은 나라를 조국으로 둬서 겪는 서러움은 적지 않았다. 하지만 하나님께서는 한국 전쟁 이후, 기적적인 경제 성장을 허락하셨고, 무엇보다도 성령께서 이루신 한국 교회들의 엄청난 부흥의 축복은, 이곳 미국 사회에서 신앙생활 하는 한국인들이 큰 자부심을 갖게 했다.

이를 계기로, 한국 교포 교회와 흑인 교회는 계속해서 교류를 이어갔다. 연합 찬양 집회, 부활절 연합 예배 등을 통해 흑인 사회와 좋은 관계를 유지했다. 제일한인침례교회(현 워싱턴 지구촌교회)에서도 한국을 방문했던 19번가 침례교회의 무어 목사님(19th Street Baptist Church의 Jerry Moore, Jr.)을 초대하여 말씀을 들었고, 이동원 목사님도 19번가 침례교회에 가서 설교로 화답하기도 했다. 이러한 사역으로 인해 대한민국 주미 대사가 우리를 관저로 초청하여 감사의 뜻을 전하기도 했다.

그때 일을 돌아볼 때마다, 하나님께서 한국 기독실업인회를 통해서 이 지역의 갈등과 미움을 평화와 치유로 바꿔 주심에 참으로 감사드린다. 또한, 고(故) 김인득 장로님을 비롯해, 이름도 기억나지 않는 한국 CBMC의 많은 분들에게 감사의 말씀을 전한다.

6.
두 아들과 장학회 설립

MET 단기선교 사역과 변화된 두 아들

이동원 목사님 부임 일 년 후, 제일한인침례교회(현 워싱턴 지구촌교회)는 미국에서 처음으로 대학생과 청년들을 중심으로 MET(Mission Explosion Team: 선교폭발팀)이라는 이름의 여름 단기 해외선교 사역을 시작했다. 1980년대 초반, '단기 선교'라는 개념은 무척 생소했다. 특히 대학 청년들의 단기 선교는 미주 한인 교회로서는 첫 시도였다. 물론 많은 우려가 있었다. 당시 학생들이 해외로 단기 선교를 간다는 개념조차 없었고, 많은 이민자가 넉넉한 가정 형편이 아니었기에 재정적 부담도 컸다. 하지만 모든 제약을 뛰어넘어, 하나님 말씀에 순종하여 11명의 대학생과 청년들이 단기 선교를 자원했다. 그중 5명은 남성이고 6명은 여성이다. 둘째 아들 데이비드(David, 현재 IMB 선교사로 사역 중)도 단기 선교에 참여했다. 이 단기 선교팀을 MET 84팀이라고 불렀다.

그들은 떠나기 전 주말마다 김두화 전도사님의 지도 아래 워싱턴 D.C. 지역으로 나가 전도 훈련을 하며 철저한 선교 훈련을 받았다. 또한 선교비를 마련하기 위해 세차를 하기도하고 바자회도 열어 필요한 경비를 모으기도 했다. 당시에는 단기간이라도 청년들이 해외로 선교를 나간다는 것은 생소한 일이었다. 그래서 이러한 행보를 단순히 방학에 여행하기 위한 방편이라고 비판하는 사람들도 있었다. 그럴수록 팀원들은 더욱 철저하게 훈련하고 기도하며 준비했다. 여기에 담임 목사님의 지원이 큰 힘이 됐다.

미국에서 자란 젊은이들은 먹을 것과 입을 것, 특히 마실 물이 부족한 곳의 삶을 상상하기도 힘들다. MET 84팀이 방문하려던 지역은 스리랑카, 태국, 필리핀 내의 생활환경이 매우 열악한 곳이었기에 염려가 됐다. 더군다나 요즘 단기 선교 기간은 일반적으로 1~2주가 보통이지만, 처음 시작하는 이 팀은 한 달 이상(7월 6일~8월 10일) 단기 선교에 헌신했다.

선교팀은 현지 선교사님, 교회들과 협력하여 각종 전도 집회, 가정 방문 전도, 노방 전도, 개인 상담, 전도지 배포, 간증, 복음 트릭(관심 끌기 위한 마술 등), 민속 무용, 노래 등 다양한 사역으로 복음을 전했다. 선교팀이 가장 힘들었던 점은 마실 수 있는 깨끗한 물이 부족한 것이었다. 미국에서 부족함을 모르고 살았기에 처음에는 힘들어했지만, 현지 상황을 충분히 연구하고 훈련을 받았기에 결국 잘 감당할 수 있었다. 선교팀은 45회의 집회를 통해 총 10,000여 명의 참석자 중 400~450명의 결신자를 얻었다. 그리고 스리랑카 감파

하 교회와 필리핀 간다바 교회, 두 교회가 개척됐다. 이후 제일한인 침례교회는 계속해서 이 두 교회와 스리랑카 켄디 교회(Kandy Bible Fellowship)를 수년간 재정적으로 지원했다.

MET 84팀의 사역 보고는 단기 선교에 대한 시선을 긍정적으로 바꾸어 놓았다. 또한, 워싱턴 지역의 여러 교회가 단기 선교에 도전을 받았다. 특히 신문과 뉴스를 통해 미 전역에 이 소식이 전해지자, 다른 지역의 많은 교회가 청년들에게 여름 단기 선교를 독려했다.

"오직 성령이 너희에게 임하시면 너희가 권능을 받고 예루살렘과 온 유대와 사마리아와 땅 끝까지 이르러 내 증인이 되리라 하시니라"_ **행 1:8**

단기 선교에 참석했던 청년, 대학생들의 삶에 조금씩 변화가 생겼다. 전에는 먹는 것과 입는 옷에 대해 조금만 마음에 안 들어도 불평하고, 쉽게 마실 수 있는 물이 풍족함에 감사할 줄 몰랐다. 그런데 지금 누리는 일상이 누군가에게는 엄청난 축복임을 깨닫게 된 것이다. 단기 선교는 현지인들을 복음으로 변화시켰을 뿐만 아니라, 참여자들이 복음으로 성숙하게 되는 계기가 됐다. 현재 MET 84팀에 참여했던 사람 중 세 명이 목사와 선교사로 헌신하여 섬기고 있고, 세 명의 여성은 사역자의 사모로, 나머지 대부분도 교회에서 귀하게 쓰임을 받고 있다.

둘째 아들 데이비드는 일찍부터 주님께 헌신하고, MET 84 단기 선교를 다녀와서 믿음이 성장했다. 하지만 큰아들 샘(Sam)은 대학에 들어가면서 친구들과 어울려 노는 것을 좋아해서 한동안 교회를 출석하지 않았다. 우리 부부는 그를 위해 기도하며 권면하기도 하고 꾸짖기도 했지만 쉽게 돌아오지 않았다. 특별히 아내는 늘 우리 방 한쪽에 있는 옷방(클로짓)을 기도 골방으로 정하고 기도했다. 때로는 성경을 묵상한 부분을 메모하여, 샘의 책상 위에 놓기도 하고 메모지에 항상 사랑한다는 표현을 잊지 않았다. 그런데 어느 날 늦은 저녁에 갑자기 샘이 엄마를 붙들고 울며 나도 열심히 예수님을 믿고 싶다고 고백했다. 그날 샘은 귀가 길에 자동차 사고를 냈는데, 다행히 다른 차와 충돌하지는 않고 차만 찌그러졌던 것이다. 물론 샘도 다친 곳은 없었다. 이번 사고를 통해 샘은 그동안 예배에 참석하지 않고 방황하던 자신이 집 나간 탕자와 같았음을 발견했다. 그날 밤 샘은 김 전도사님을 찾아가 대화를 나누었고, 성령님의 도우심으로 새벽녘에 예수님을 구주로 영접했다. 할렐루야!

그 후, 샘은 점차 같이 어울리던 친구들을 멀리하고, 성경 공부에 열심히 참석했다. 당시 우리 교회는 단기 선교를 2년마다 실시했다. 1986년 6월 29일부터 8월 24일까지 55일간, MET 86팀, 11명이 아프리카 케냐에 파송됐다. 감사하게도 단장은 대학 4학년이던 큰 아들 샘이 맡았고, 선교 훈련은 김두화 전도사님이 담당했다. 이들은 떠나기 전 3일간은 야영 훈련, 워싱턴 D.C.에서의 노방 전도, 연극, 찬양, 개인 전도, 여름 성경학교, 각종 선교 방편들을 사용하여 복음을 전하는 훈련을 받았다. 또한 날마다 기도 모임을 통해 영적으로 무장하고 그날그날의 사역을 위해 기도했다.

선교지에서 샘은 난생 처음 마태복음 25장 35-46절 말씀을 중심으로 "Jesus is coming to us everyday"라는 제목으로 설교했다. 예수님은 화려한 부자의 모습이 아니라 배고픈 자, 가난한 자, 나그네의 모습으로 매일 우리에게 찾아오고 계심을 일깨워 주는 내용의 메시지였다. 팀원 전원이 참여하는 '저니(Journey, 여행)'라는 드라마는 가는 곳마다 환영을 받았다. 결과적으로 약 3천여 명의 참석자 중 5백여 명이 예수님을 영접했다고 한다. 그리고 선교지를 떠나면서 제일한인침례교회 어린이들이 헌금한 1,000달러로 300켤레의 신발을 사서 그곳 어린이들에게 전달했다. 이 헌금은 그곳 어린이들이 맨발로 다니기 때문에 모래 속에 있는 기생충이 살갗을 통해 몸속으로 들어와 많은 질병을 일으킨다는 것을 알고 주일학교 어린이들이 헌신한 것이었다.

MET 86팀의 선교 보고, '저니(Journey)' 드라마, 그리고 샘의 설교로 증거된 선교지에서 역사하신 '하나님의 인도하심'은 많은 이들에게 큰 은혜를 끼쳤다. 단기 선교에 참여했던 한 자매는 대학에서 박사 학위까지 받은 후에 하나님의 부르심에 순종하여, 선교가 금지된 나라에서 대학 교수로 일하며 지금까지 선교의 사명을 잘 감당하고 있다. 다른 두 자매는 목사와 선교사의 아내로 섬기고 다른 형제와 자매들도 대부분 지역 교회에서 귀하게 쓰임을 받고 있다.

첫째 아들 샘도 대학 졸업 후 사역에 대한 관심을 갖고 기도했다. 솔직히 나는 둘째 데이비드가 일찍이 사역자로 헌신할 목표를 세우고 대학 졸업 후 신학교에 가기로 결심한 상태였기에, 큰아들은 직장을 갖고 평신도로서 교회를 섬기기를 바랐다. 하지만 샘은 김 전도사님의 추천으로 뉴욕 주 스크룬 레이크(Schroon Lake)에 있는 생명의 말씀 성경학교(Word of Life Bible Institute)에 가서 일 년 동안 성경을 배우며 기도하면서 하나님의 뜻을 구하기로 하고, 대학 졸업 후 곧 뉴욕으로 떠났다. 그곳은 전적으로 성경을 중심으로 교육하는 신학교이지만 마치 사관학교처럼 규율이 엄한 곳이었다. 기상 시간, 취침 시간, 매일 아침 경건의 시간, 식사 시간, 공부하는 시간이 정해져 있고 오후에는 누구나 일정한 시간 정해진 일을 하도록 했다. 특히 식사 시간에는 다 같이 모일 때까지 기다려야 했고, 여학생이 오면 먼저 앉게 하고 남자들이 앉아야 했다. 문을 열 때도 항상 레이디 퍼스트였고, 그 규칙을 어기면 벌점을 받고, 일정한 한도를 넘게 되면 학교에서 퇴출되게 되어 있었다. 샘은 이곳에서 훈련받은 후, 전임 사역자에 대한 소명을 받고 텍사스 주에 있는 사우스웨스턴 침례신학교(Southwestern Baptist Seminary)에 입학하여, 동생 데이비드와 함께 신학을 공부했다. 두 아들은 하나님의 은혜로 믿음의 가정을 이루고 하나님의 부르심에 순종하여 목사와 선교사의 삶을 살고 있다.

두 아들의 사역과 세 겹줄 기도

우리 두 아들이 신학교로 떠나면서 큰아들은 가정 예배에서 '세 겹 줄'(전 4:12) 사역에 대한 기도를 부탁했다. 이는 두 아들의 사역과 우리 부부 가정이 세 겹 줄이 되어 서로를 위해 기도하는 사역이었다. 두 아들은 텍사스 사우스웨스턴(Southwestern) 침례신학교에서 공부하며, 주말에는 달라스 제일침례교회(당시 손영호 목사 시무, 현재 뉴송교회로 개명)의 영어부 청소년부를 섬기며 신학 공부를 했다.

신학 공부를 마친 후 큰아들은 LA 나성 한인침례교회(현 남가주 새누리교회) 박성근 담임목사의 초청으로 영어권 담당 전도사로 섬겼다. 작은아들은 워싱턴 지역 제일한인침례교회(현 워싱턴 지구촌교회) 이동원 목사의 초청으로 영어권 청소년 담당 전도사로 섬겼다. 공교롭게도 같은 시기에 두 아들은 미국의 동부와 서부에서 각각 사역할 수 있는 은혜를 입었다. 두 아들이 신학교에 가면서 우리 가정은 '세 겹 줄 중보기도 사역'을 통해 서로의 동역자가 되어 더욱 기도하는 가정이 됐다. 부부가 동역자이고, 부모와 아들이 동역자이며, 형제들끼리도 동역자가 됐다. 아마도 세상에서 가장 강한 세 겹 줄일 것이다. 우리 가정은 여러 중요한 사역이 있을 때마다 서로 연락하여 기도를 부탁하고 격려하며 보람된 사역을 감당했다. 이 모든 것이 하나님의 은혜이며 축복이라고 생각하며 감사했다.

한번은 여름 방학에 두 교회의 청소년 단기 선교팀이 멕시코에서 만나 함께 사역한 경험이 있다. 어느 이른 새벽, 두 아들이 바닷가 모래사장에서 서로 머리를 맞대고 손을 잡고 기도하는 모습을 한 학생이 사진으로 찍어 주었다. 우리 부부는 그 사진을 보며 너무 감사했다. 아내는 조그마한 그 사진을 확대해서 두 아들에게 하나씩 나누어 주었고, 우리는 지금까지 그 사진을 벽에 걸어 놓고 아들들의 사역을 위해 기도할 때마다 기억하고 기도한다.

두 아들의 성장과 헌신

큰아들 샘(Sam)은 나성 한인침례교회에서 목사 안수를 받았다. 박성근 목사의 사모님 소개로 배우자를 만나게 됐다. 며느리는 바이올라(Biola) 대학에서 음악을 전공하고 교회 반주자로 섬기던 헌신된 자매였다. 많은 사람의 축복 속에서 믿음의 가정을 이루었고, 두 명의 자녀를 낳았다.

큰아들은 풀러신학교(Fuller)에서 박사 학위 과정을 마쳐 신학박사 학위를 받았다. 그는 게이트웨이(Gateway) 신학교에서 겸임교수(Adjunct Professor)로 신학생들을 가르치고, 코트야드 교회(Courtyard Church)를 개척하여 충성되게 주님을 섬겼다. 지금은 코로나 이후 온라인으로 목요일 저녁 성경 공부를 인도하고, 성경을 책별로 매일(월~토) 일정한 분량의 말씀을 묵상하여 그 내용을 인터넷('Word-Centered Living and Leadership')에 올리며 젊은이들의 영적 성장을 돕는 사역을 한다. 현재 'WCL' 인터넷 사역에는 매일 평균 160여 명의 영어권 젊은이들이 참여하여 질문과 소감을 나누며 보람 있게 사역한다.

작은아들 데이비드(David)는 워싱턴 지구촌교회(전 제일한인침례교회)에서 영어권 사역을 하면서 목사 안수를 받았다. 그리고 메릴랜드(Maryland) 대학에서 음악을 전공하고 교회 반주자로 섬기던 자매를 만나 결혼했다. 딸 둘과 아들 둘, 사 남매를 둔 가정으로 열심히 교회를 섬겼다. 작은아들은 평소 이슬람권 선교에 많은 관심을 가지고 기도하던 중, 남침례교단 국제선교부의 파송을 받아 4명의 자녀를 데리고 중앙아시아지역에서 사역을 시작했다. 현재는 페르시안(Persian)지역의 난민들을 위한 사역을 하고 있다. 이제는 함께 할 수 있는 시간이 많지 않겠지만, 두 아들이 끝까지 주님의 헌신된 종으로 쓰임 받을 수 있기를 소망한다.

모래바람 속의 열매

우리 부부는 2008년 2월에 잠시 아랍에미리트(United Arab Emirates, UAE)를 방문할 기 회가 있었다.

한국보다 약간 작은 면적의 이 나라는 하나님께서 이슬람권 선교를 위해 귀하게 쓰실 현장이 되리라는 생각이 들었다. 불과 35년 전만 해도 황무지와 같던 사막이 상상하기 힘들 정도로 변화되어 가는 모습을 볼 수 있었다. 사막에는 대로가 사방으로 뻗어 있었고, 강물이 흐르게 하여 초목들이 자랐으며, 바다 한가운데 호텔과 최고급 아파트들이 줄지어 있었다.

아랍에미리트는 7개 에미리트가 하나의 연방으로 묶여 1971년 12월 초에 세워졌다. 아랍에미리트는 중동 사람들의 나라라기보다는 세계 여러 사람이 모여 생활하는 세상의 축소판과 같은 곳이었다. 특히 외국인 선교사들이 들어가기 어려운 아프가니스탄, 파키스탄, 이란, 이라크를 비롯하여 인도, 방글라데시, 네팔, 레바논 등 수많은 지역의 외국인 노동자들이 와서 힘든 노동자의 삶을 사는 현장이자,

중동의 영적 전쟁터였다.

아랍에미리트에는 많은 선교사가 다양한 모습으로 여러 종족을 접촉하며 복음을 전하고 있었다. 특별히 우리 부부는 이곳에서 외국인 노동자들이 모이는 가정교회를 방문할 기회가 있었다. 조그마한 아파트 거실에 약 30여 명이 빼곡히 앉아 뜨겁게 찬양하며 열정적으로 메시지를 전하는 예배 모습은 매우 인상적이었다. 참으로 많은 선교사님이 주님의 지상 명령에 순종하여 뜨거운 모래밭 위에서 자라기 힘든 열매를 추수하기 위해 충성되게 섬기는 사역 현장을 보며 많은 감동과 은혜를 받았다.

사람을 키우는 지구촌 장학회 설립

1982년 봄 어느 날, 지구촌교회의 젊은 공치조 집사님이 상담을 받기 위해 나를 찾아왔다. 당시 그는 세탁소를 운영하는 내 고객이었다. 처음에는 사업에 관계된 일로 방문한 줄 알았다. 그런데 사업 문제가 아니라 그의 부친이 그에게 남긴 유언에 대해 상담하기를 원했다. 그의 부친 공용빈 장로님은 1980년대 초 교회 건축 때에도 교회의 소망회원들(시니어 팀)과 함께 열심히 봉사하며 섬겼던 분이었다. 참으로 존경스러운 분이었다. 얼마 전에 하나님의 부르심을 받아 천국으로 가셨다. 그는 4만 달러의 유산을 의미 있는 일에 써 달라고 유언을 남겼다. 80년대 당시 4만 달러는 매우 큰 금액이었다.

그래서 공 집사님이 어떻게 유산을 쓰는 것이 의미 있고 보람 있는 일인지를 상의하기 위해 나를 찾아온 것이었다. 공집사님은 그 가정의 셋째 아들로 위로 형님이 두 분, 누님이 한 분 그리고 어머니 공무비 권사님이 계셨다. 공 집사님은 가족과 의논하기 전에 나와 먼저 상담하고자 했던 것이다.

나는 평소에 사람을 키우는 일이 무엇보다 가장 보람되고 가치 있는 일이라고 생각했다. 이러한 신념으로 미주에 사는 한인 자녀들 중 우수하면서도 경제적으로 어려운 학생들을 돕기 위해 설립된 한미장학재단의 이사 및 재정위원장으로 오랫동안 섬겼다. 이 재단은 오래전에 워싱턴 D.C.를 중심으로 시작됐다. 하지만 현재는 미주 전체를 섬기는 장학재단으로 발전하여, 수많은 재미 동포 자녀들이 혜택을 받는 의미 있는 기관으로 성장하는 모습을 지켜봤다.

그래서 나는 장로님의 유산으로 장학 사업을 하는 것이 어떨지 제안했다. 그도 동의하면서 구체적인 아이디어가 있으면 말해 달라고 했다. 그 기금으로 큰 장학 사업을 구상하기는 어렵지만, 은행의 장기 저축 기금에 넣고 거기서 나오는 이자로 장학금을 주는 방식으로 시작하면 좋겠다고 했다. 당시에는 은행 이자율이 꽤 높아 그 기금에서 나오는 이자만으로도 몇 사람에게 장학금을 수여할 수 있는 금액이었다. 그리고 어느 개인이나 한 가족이 관리하는 것보다는 교회에 장학 기금으로 지정 헌금하고 위원회를 만들어 관리하게 되면 세금 문제나 위험 부담이 적어 좋을 것이라고 말했다. 또한 모든 학생들을 지원할 수 없기 때문에, 장학 대상자의 범위를 선교나 목회에 헌신할 신학생을 대상으로 하면 좋겠다고 했다. 공 집사님은 전적으로 동의하고 그의 어머니와 형제들과 의논한 후 결정하겠다고 말했다.

얼마 후 공 집사님으로부터 장로님의 유산 처리 문제를 의논하는 가족 모임에 참석해 줄 수 있는지 문의가 왔다. 그래서 기꺼이 참석하겠다고 했다. 그날 모임에는 어머니 되시는 권사님, 아들 삼 형제 부부와 따님이 참석했다. 내가 제안했던 장학 사업에 관해 모두 좋은 아이디어라고 생각하면서도 교회를 어떻게 신뢰하고 그 관리를 누가 할 것인지 궁금해했다. 그래서 나는, 우선 그 기금은 교회에서 '공용빈 장로 장학 기금' 명의로 정기예금 계좌를 만들어 저축하면 당시 은행 이자율로는 연 3천 달러 이상 이자를 받을 수 있다고 설명했다. 그렇게 되면 매년 천 달러씩 3명의 신학생에게 장학금을 지불하면서도 원금은 유지되기 때문에 장학 사업을 지속할 수 있다고 말했다. 당시 천 달러는 신학교 학비의 상당 부분에 해당하는 금액이었다. 그리고 장학금 관리, 장학생 선발과 운영을 위해 별도의 위원회를 만들고 위원장은 담임 목사님이, 위원은 교회측에서 세 사람, 유가족 중에서 세 사람으로 구성하면 될 것이라고 했다. 가족 구성원 모두가 흔쾌히 찬성하여 '공용빈 장로 장학회'에 관한 구체적인 안을 교회에 정식 제안하고 승인을 받아 시행했다. 장학생 선발은 매년 3~4월 중에 공고하고, 장학금 수여는 8월 초에 하는 것으로 정해 1983년 8월, 처음으로 세 명의 신학생에게 천 달러씩 장학금을 수여했다.

공용빈 장로 장학회의 발족으로 많은 다른 성도들이 도전받았다.

그로 인해 부모님이나 가까운 사람이 세상을 떠나게 되면 그를 기념하는 장학회 설립에 대한 문의가 이어졌다. 고객 중 뷰티사업(Beauty Supply Business)를 운영하는 삼 형제는 자기 부모 이름으로 7만 달러를 헌금하고 '박유석 기념 장학금'이라는 이름으로 장학금을 지급하고 있다. 그래서 교회에서는 "제일한인침례교회(현 워싱턴 지구촌교회) 장학회"를 만들어, 장학금을 수여할 때는 기증자의 이름을 붙여 000 기념 장학금으로 취지를 이어 나갔다.

이는 오병이어의 기적이라 할 수 있다. 한 사람이 편안하게 살 수 있는 물질을 통해서, 많은 신학생들이 하나님의 말씀과 삶의 지혜를 배워 더 많은 사람들이 주 안에서 풍성한 삶을 누리도록 돕는 것, 이것이 오병이어의 기적이 아니고 무엇이겠는가! 참으로 하나님께서 지구촌 장학회를 통해, 하나님과 세상을 잇는 축복의 통로 역할을 감당하게 하셨고, 지금도 많은 신학생들이 그 복을 누리고 있다.

이후, 장학금의 액수도 기본 천 달러를 기준으로 하되, 경우에 따라 차등을 두어 지불하고 있다. 지금은 장학금 기증자도 20명이 넘는 것으로 알고 있다. 은행 이자율이 낮아져서 지급할 수 있는 장학금의 액수가 적게 되자, 몇 사람의 이름을 모아서 하나의 장학금이 수여되기도 하지만, 지금까지 매년 10여 명의 신학생들에게 지급되는 '워싱턴 지구촌교회 신학생 장학금' 사역은 40년 넘게 지속되고 있다. 참으로 감사하고 보람되게 생각하고 있다.

7.
제2차 교회건축

교육 선교관, 친교체육관/다목적 대강당

1980년에 지었던 교회 건물은 당시 출석 인원 6백 명을 기준으로 건축됐다. 하지만 8년이 지나면서 하나님의 절대적인 은혜로 출석 교인이 1,400여 명으로 늘었다. 그로 인해 예배당뿐만 아니라 주일학교 시설들이 터무니없이 부족했다. 물론 다른 많은 교회들도 겪는 고질적인 문제인 주차장도 턱없이 부족한 상태였다.

나는 8년 전 건축위원장을 맡아 교회를 건축해 본 경험이 있었기에, 그것이 얼마나 힘든 일인지 너무나 잘 알고 있었다. 교회 건축을 위해서는 성도들의 의견 일치가 필요하고, 여러 요구에 맞춰 설계에서부터 인허가까지 여러 가지 복잡한 일이 많다. 무엇보다도 건축에 소요되는 엄청난 재정을 마련하려면 여간 큰 믿음이 필요한 것이 아니다. 그런데 이러한 모든 것을 잘 알고 있으면서도, 교회 증축이 너무나 필요한 상황이라 믿음으로 나는 교회 건축을 적극 추진하는 입장에 서 있었다.

교회는 기도로 준비하며 건축위원회를 구성했다. 구체적으로 상황과 필요를 파악하여 세부적인 계획을 세웠다. 이전에 건축위원장의 경험이 있었다는 이유로 나는 또다시 건축위원장직을 맡게 됐다. 건축위원회는 건축에 대한 경험이나 전문적인 지식이 있는 분들을 중심으로 구성되어 여러 차례 모임을 갖고 연구와 검토를 진행했다.

우리 교회는 이동원 목사님 부임 이후 성경 공부와 다음 세대를 위한 주일학교 교육을 강조했다. 이를 실천하기 위해서는 주일학교 교실이 절대적으로 부족했다. 또한 아이들과 청소년들이 마음껏 뛰어놀 수 있는 체육관 같은 다목적 대강당도 필요했다. 이와 더불어 신앙 성숙을 위한 도서관, 새 신자나 교회 손님들을 맞이할 수 있는 게스트 룸(Guest Room), 회의실, 사무실 등이 필요했다. 이러한 시설들을 갖추기 위해서는 대략 5백만~6백만 달러의 예산이 필요했다. 나중에 담임 목사님과 개인적으로 이야기를 나눴지만, 처음에는 너무나 큰 예산으로 인해 담임 목사님도 교회 건축에 주저하는 마음이 있었다고 고백했다. 더욱이 많은 교회들이 교회 건축 때문에 시험에 빠져 분열과 분쟁을 겪는 경우를 보았기에 담임 목사로서는 신중한 결정을 내리는 것이 당연했다. 그러나 담임 목사님은 어느 날 기도 중에, 이 건축 역사가 참으로 하나님을 위한 것임을 확신하게 됐고, 이 프로젝트에 "내가 함께 할 것이니 걱정하지 말고 추진하라"는 주님의 말씀을 듣게 됐다고 고백했다.

이동원 목사님은 전 교인에게 『하나님의 나라를 위한 헌신』이라는 작은 책자를 만들어 구체적인 계획과 내용을 설명했다. 모든 교우들이 한마음으로 교회 건축 역사에 적극적으로 참여하도록 권고했다.

첫 번째로 주차장과 운동장을 위한 공사를 시작했다. 그동안 교회 주차장이 좁고, 야외 활동을 위한 공간과 놀이터가 없어 어려움을 겪고 있었다. 우선 교회와 인접해 있는 12에이커(약 48,562m²)의 임야를 주정부 공원 관리국으로부터 임대하여 주차장으로 사용 허가를 받았다. 원래 이 땅에는 2차 순환 도로가 건설될 예정이었는데, 그 계획이 취소되는 바람에 우리 교회가 임대하여 사용할 수 있게 됐다. 우리는 전문 업체를 선정하여 당국에 개발 허가를 받아 나무들을 잘라내고 땅을 고르게 한 후에, 한쪽에 약 350대 정도를 주차할 수 있는 주차장으로 개발했다. 기존 주차장과 합하면 차량 550대 정도를 주차할 수 있는 주차장을 확보한 것이다. 다른 한쪽에는 넓게 잔디를 깐 운동장을 만들어 축구도 하고 피크닉도 하며 뛰어놀 수 있는 넓은 공간으로 만들었다.

두 번째 공사는 건평 123.8에이커(약 501,000m²)의 교육과 선교, 친교와 체육 시설을 갖춘 다목적 대강당을 짓는 프로젝트로 총 약 350만 달러가 소요됐다. 이 공사는 1989년 봄에 착공하여 1990년 말에 끝났다.

세 번째 공사는 본당 앞부분을 확장하여 강단과 성가대석을 넓히고 뒤에 작은 중보기도실과 예배 준비실을 설치하는 공사였다.

약 5.72에이커(약 23,148m²) 정도의 공간을 확장하는 공사였다. 이 공사를 하는 동안은 새로 건축된 다목적 강당에서 예배를 드리기로 했다.

건축으로 인해 어수선하고 여러모로 불편함이 있었지만, 담임 목사님은 교회의 본래 사명인 말씀과 복음 전도를 최우선으로 강조했다. 성도들도 비록 협소한 공간이었지만, 하나님을 사모하는 심정으로 성경 공부에 임했다. 널브러진 건축 기자재와 흙먼지 속에서도, 하나님은 큰 불평 없이 말씀과 기도에 전념하는 아름다운 공동체를 이루게 하셨다.

교회 건축 프로젝트는 본당 중심이 아닌 부대 시설, 즉 교육에 필요한 교실과 2세들을 위한 시설을 갖추는 데 역점을 두었다. 하지만 프로젝트는 규모가 크고 복잡하여 중요한 하청 업체만 해도 대략 20여 개가 됐기 때문에 전문 변호사를 선정하여 모든 계약을 업체와 직접 진행했다. 공사 총감독은 건축에 대한 지식과 경험이 많은 본 교회의 이돈희 집사님이 맡아 약 4년 동안 사명감을 가지고 수고했다. 건축은 교회 전 성도의 기도로 시작하여, 모든 과정을 기도하며 진행했다. 건축을 위한 특별 기도 주간을 정하여 온 교회가 한마음으로 기도했다. 담임 목사님은 『하나님의 나라를 위한 헌신』 서두에 "위대한 도전 앞에서"라는 글에서 다음과 같이 도전했다.

"인류의 발전은 아무도 생각치 못했던 엄청난 일을 꿈꾸며 이것을 모험적으로 시도한 사람들에 의하여 이루어진 역사였습니다. 그리고 교회의 발전도 주님과 복음을 위하여 감히 놀라운 일을 시도한 사람들에 의하여 만들어져 온 역사였습니다.

〈중략〉

교우 여러분! 인생은 짧고 기회는 지나가고 있습니다. 우리는 이 땅에 언제까지나 있지 못할 것입니다. 그러나 우리는 이 땅에서 예수 믿고 받은 축복을 다시 후손들과 이 세계에 계승할 수 있는 방법이 있습니다. 우리는 우리의 커뮤니티 속에 그리스도인과 한국인으로서 한 기념비적 발자취를 남기기 위하여 일어나 우리의 장막터를 넓히고자 합니다. 저는 한 사람의 교우도 빠짐없이 이 역사적 대업에 참여하여 후일에 우리 자손들이 '우리 조상들이 어떻게, 왜 이 성전을 지었는가 묻거든, 주님과 복음을 위해서 헌신한 증거라고 대답하도록 하십시다'"

전체 공사비 총액을 약 500만 달러(내부 가구와 시설물 제외)로 예상하고 절반 정도는 교회 자체 헌금으로 부담하고 나머지는 은행 융자를 통해 진행하기로 했다. 나는 처음에 건축 규모나 총 공사비가 너무 커 보였다. 헌금 목표액 250만 달러는 당시 교회 재정 상태와 교우들의 생활 형편을 비교적 잘 알고 있는 나에게 두려움으로 다가왔다. 지금이야 감사하며 간증할 수 있지만, 당시에는 잘못하면 교회가 힘들어질 수도 있고, 교회의 목적이 영혼 구원인데 오히려 영혼 실족으로 인해 하나님의 영광을 가려질 수도 있었기 때문이었다. 나는 간절히 기도하는 중에 '마태복음 14:28-32'에서 물을 보고 무서워 바다에 빠져가는 베드로에게 예수님이 "믿음이 작은 자여 왜 의심하느냐" 하시며 그의 손을 붙잡아 함께 배에 오르던 장면을 묵상하게 됐다. 참으로 250만 달러는 우리 교회가 감당하기 어려운 예산임에 틀림없었지만, 만유보다 크시고 풍성하신 주님만을 바라볼 때, 우리 주님이 채워 주실 것이라는 확신을 얻게 됐다.

제2차 교회 건축 역사가 진행되는 동안, 형제회 중심으로 "성전 건축 릴레이 금식 기도" 운동을 전개했다. 이로 인해 건축하는 동안 온 성도들이 참여하여 마음을 하나로 모으고 협력하는 데 많은 도움이 됐다. 공사 중에 어려운 고비도 여러 번 있었지만, 한 건의 경미한 사고도 없이 안전하게 마칠 수 있었던 것은 쉬지 않고 감사하며 기도한 성도들의 간구를 주님이 들으시고 도우셨다고 확신한다.

교회 건축 프로젝트에 많은 오병이어 사건들도 있었다. 건축 헌금을 약정하기 위해 온 교회가 기도하고 있던 중, 어느 수요 예배 후에 한 성도가 건축 헌금 5만 달러를 건축위원회 앞으로 전달했다. 그 당시 5만 달러는 꽤 큰 금액이었는데, 이 헌금은 성도들에게 큰 격려와 도전을 주는 불쏘시개가 됐다. 망설이던 성도들이 믿음으로 주님을 의지하고 건축 헌금을 약정하는 역사가 일어났다. 어떤 성도는 오래간만에 방문하고자 했던 한국여행을 취소하고 헌금했고, 어떤 성도는 건축 헌금을 위해 연장 근무를 했다. 또 어떤 성도는 차를 바꾸려던 계획을 3년 뒤로 미루기도 했고, 한 여학생은 어머니 가게에서 일하며 모은 돈을 주님께 드렸다. 소망회의 노인들도 몇 차례 김치를 담아 팔아서 헌금했고, 피아노를 전공한 한 자매는 독주회를 열어 얻은 수익금 모두를 헌금했다. 참으로 주일학교 어린이부터 소망회 노인들에게 이르기까지 온 교회가 동참하며 기적의 역사를 이루었다.

> "우리 하나님이여 이제 우리가 주께 감사하오며 주의 영화로운 이름을 찬양하나이다 나와 내 백성이 무엇이기에 이처럼 즐거운 마음으로 드릴 힘이 있었나이까 모든 것이 주께로 말미암았사오니 우리가 주의 손에서 받은 것으로 주께 드렸을 뿐이니이다" _ **대상 29:13-14**

건축 예산의 절반은 은행 융자를 받아야 했다. 일반적으로 은행들은 교회 융자에 대해 호의적이지 않았다. 그런데 감사한 것은 교회나 비영리 기관에 융자를 전문으로 하는 매디슨 내셔널 은행(Madison National Bank)을 알게 된 것이다. 그곳에서 교회가 채권(Bond)을 발행하고 적절한 이자로 15년 동안 연도별로 상환하는 조건으로 250만 달러를 융자받았다. 거의 텅 빈 잔고에서 시작한 건축 역사였다. 때로는 공사 대금 지불 전날에도 자금이 준비되지 않아 애간장을 태우던 때도 많았지만, 신실하신 하나님께서는 마지막 순간에 예상치 못한 사람들을 통해 건축비를 채워 주셨다. 이는 가나안 혼인 잔치에서 물이 포도주로 변한 역사는 물을 떠온 하인들과 이를 기도하는 심정으로 바라보았던 마리아만 알 수 있었듯이, 하나님의 간섭하심과 인도하심은 교회 건축에 동참한 사람들만 알 수 있는 놀라운 축복이었다.

교회의 공사가 아직 끝나지 않았지만, 입당하기 전 이동원 목사님은 '광야정복 40일 새벽 기도회'라는 이름으로 1990년 10월 1일부터 11월 9일까지 매일 새벽 6시에 기도의 불을 붙였다. 이스라엘 백성들이 애굽을 떠나 가나안 땅으로 들어가기 전 40년 동안 광야에서 연단을 받으며 준비한 것처럼, 우리의 영적인 광야를 기도로 정복하고 성령 충만한 모습으로 광야의 훈련을 감당했다. 드디어 공사가 3년 만에 끝나고 1991년 5월 12일 오후 6시에 입당 예배를 드렸다. 비록 본당 확장 공사는 1992년 가을까지 계속 진행됐지만, 우리는 새로 지어진 예배당에 하루라도 빨리 들어가고 싶은 사모하는 마음이 커서 입당 예배를 서둘렀다. 건축 완성은 온 교회 성도들의 간절한 기도와 헌신으로 이룬 열매였다. 우리는 모두 하나님께 눈물로 감사 찬양과 예배를 드린 그날을 회상할 때면, 90이 넘은 노구임에도 불구하고 지금도 벅찬 행복이 느껴진다. 우리는 모두 '에벤에셀'의 하나님께서 여기까지 인도하셨음을 한마음으로 고백했다.

본 교회의 역사적인 새 성전 건축이 지난 4년 동안 3차에 걸쳐 완전히 끝났다. 교회 창립 18주년을 맞이하며, 하나님의 은혜를 감사하며 창립 기념 예배와 새 성전 봉헌 예배를 1992년 12월 6일 오후 4시에 드렸다. 이 예배에는 김현칠 개척 당시 목사님을 비롯해 목사가 된 김두화 목사님, 워싱턴 지역 교회의 목사님과 성도들이 참석했다. 남침례교단을 대표해 베넷(Bennett) 박사, 세계 침례교회 연맹 총무 덴턴 로츠(Denton Lotz) 박사, 한국 대사관 총영사 등 다양한 인종, 다양한 사람들이 모여 진짜 '지구촌의 예배'가 됐다.

노래하는 성탄 트리와 NBC방송국 메시아 공연

1984년 2월 어느 날, 이동원 목사님은 내 사무실에서 손형식 전도사님 내외분을 만났다. 이 목사님은 손 전도사님을 음악 사역자로 초청하려 했다. 손 전도사님은 찬양에 은사가 있는 분이었고, 제일 침례 한인 교회의 사역자로 세워졌다. 그는 열정적으로 찬양 사역을 섬기고 성가대원들을 격려하며 담임 목사님의 목회 사역에 조화롭게 활동했다.

특히 "노래하는 성탄 트리(The Singing Christmas Tree)" 공연은 미국 한인 교회로는 처음 시도된 성탄 축하 공연이었다. 이 공연은 이동원 목사님이 오래전 미국 교회에서 공연하는 것을 보고 영감을 받아, 1984년 12월 우리 교회에서도 공연하게 됐다. 교회 강단에 세워진 노래하는 성탄 트리는 5개 층계로 이루어져 교회 천장에 닿을 정도의 거대하고 아름다운 트리였다. 수많은 소나무 가지에는 아름답고 다양한 색깔의 등이 장식됐고, 각각의 층에는 160여 명의 성가대원들과 40여 명의 어린이 합창단 및 무용 단원들이 서서 공연을 했다. 하얀 천사복을 입은 성가대원들이 5개 층계에서 찬양하는 모습은 마치 천국의 천사들의 합창 같았다. 노래하는 성탄 트리 밑에서 펼쳐진 어린이 합창과 무용, 촛불 행진 등 다양한 순서의 주제는 구세주로 오신 메시아 예수 그리스도의 탄생에 얽힌 예언의 성취와 그분이 곧 구주임을 선포하고 축하하는 내용이었다.

손형식 전도사님은 곡을 선정하고 극본을 만들었다. 성탄 트리의 골격을 만드는 일은 세 젊은 집사님들이 이동원 목사님의 설명만 듣고 아이디어를 짜내어 튼튼하고 아름다운 트리를 완성했다. 성탄 트리 공연은 주위 한인들뿐 아니라 미국인들에게도 큰 관심과 호응을 얻어 주말 이틀 공연을 연장해서 진행됐고, 몇 년 동안 계속해서 성탄 축하 찬양 잔치로 드려졌다.

특히 1990년 12월 25일 성탄절 아침에는 미국 주요 방송국 중 하나인 NBC Ch-4 TV의 요청으로 우리 교회 성가대가 메시아 전곡을 연주하게 됐다. 하지만 NBC 방송국의 메시아 공연을 준비하기 위해서는 많은 시간과 물질이 필요했다. 담임 목사님은 준비위원회를 구성했고, 내가 위원장으로 섬기게 됐다. 160여 명의 성가대원과 25여 명의 오케스트라 단원이 동원되어 연습했고, 독창자 특별 초청을 위해 많은 비용도 필요했다. 특히 방송 중간에 나오는 광고 시간을 위한 광고주를 모집해야 했다. 워싱턴 지역에는 크게 사업하는 분들이 많지 않아 많은 경비를 지불해야 하는 광고주를 찾는 것이 쉽지 않았다. 그러나 이 사역도 모두가 함께 기도하는 중에 현대자동차 미주 본부와 지역 식료품 도매상을 운영하는 '리브러더스'라는 업체를 통해 비용 문제가 해결될 수 있었다. 그리고 메시아 방송 중간 시간에는 이동원 목사님의 간단한 크리스마스 메시지를 전하는 순서도 있었다. 크리스마스 아침, 메시아 공연을 통해 한국인들뿐 아니라 미국인들에게 한국인의 문화 수준을 널리 알리는 기회가 됐고, 주님을 높이 찬양하며 메시아 되시는 예수님을 높이고 선포하는 기회를 갖게 되어 모두 감사했다.

또 다음 해인 1991년 12월에는 성탄 특집 "우리 왕 예수"라는 공연에 250여 명이 출연하는 뮤지컬 공연을 했다. 1992년 6월에는 뉴욕 카네기홀에서 열린 성가 합창제에 180여 명의 성가대원이 참가하는 등 우리 교회의 음악 사역은 복음 전파 사역에 큰 역할을 했고, 미국 사회에서 한인 교회들의 위상을 높이는 계기가 됐다.

신학교 캠퍼스와 신학공부

아름다운 교회의 건물은 참으로 다양한 사역에 사용됐다. 교회 건축이 끝난 후 켄터키주 루이빌에 있는 남침례교단 소속 남침례신학교(Southern Baptist Theological Seminary)에서 캠퍼스 밖 강의 장소로 우리 교회 시설 일부를 사용할 수 있도록 요청했다. 교회는 이를 허락했고, 1994년 가을 학기부터 신학교 교수가 방문하여 강의했다. 우리 교회 교우뿐 아니라 신학 공부에 관심 있는 다른 교회의 교우까지 등록하여 공부하게 됐다.

많은 분이 나에게도 신학 공부를 하도록 권유했지만, 나는 직장 일과 교회 일로 인해 너무나 분주했다. 도저히 시간을 내서 신학 공부를 감당할 만한 여력이 없었다. 하지만 교회에서 오랫동안 성경 공부를 인도해 오며, 신학에 대한 갈급함도 있었고, 또한 좀 더 깊이 성경을 배우고 연구하는 것이 교회와 하나님 나라를 위해 필요하다는 생각이 들었다. 그래서 고민하고 기도하고 또 고민하다가, 1996년 봄 학기부터 등록하고 강의를 듣게 됐다. 처음에는 신학교를 졸업하기까지 시간과 경제적으로 부담이 너무 클 것으로 생각하여, 관심 있는 과목들만 선택하여 공부했다. 그러나 내 계획과는 다르게 강의가 재미있고 유익하다 보니 졸업하고 싶은 의욕이 생겼다.

졸업하기 위해서는 반드시 여름 방학과 겨울 방학에는 루이빌에 있는 본교에 가서 수업을 들어야 하는 규정이 있었다. 나는 직장 일을 하면서 틈틈이 교회에서 수업을 듣는 것은 가능했지만, 여름과 겨울에 일정 기간 시간을 내어 루이빌의 신학교를 간다는 것은 감히 생각지도 못했다. 나는 원래 복음을 더 깊이 알고 또 복음을 잘 전하기 위해 신학을 공부했기에, 학위에는 큰 관심이 없어서 포기하려고도 했다. 하지만 주변의 권고와 격려로 끝까지 학위를 마치도록 도전을 받았다. 무엇보다도 아내의 전폭적인 도움과 수고로 그 시간들을 감당할 수 있었다. 공부하러 루이빌로 갈 때는 아내가 대신 사무실을 지키면서 전화로 나에게 업무 상황을 알려주는 방식으로 업무도 병행했다. 참으로 여러 가지 어려운 환경 가운데 드디어 1999년

12월 10일, 목회학 석사(M.Div.) 학위를 받고 졸업했다. 이 학위를 받게 된 것은 하나님께서 아내를 통해 모든 도움과 능력을 공급해 주셨기 때문임을 고백한다.

8.
한국지구촌교회 창립과 공동목회

비전 2000 공동목회 사역

아름다운 교회 건축도 끝났고, 담임 목사님의 은혜로운 말씀 선포로 인해 교회는 건강하게 성장했다. 교회에 갈 때마다 '살 맛이 난다'는 표현보다 더 적절한 표현이 없을 정도로 기뻤다. 또한, 늘어나는 새로운 성도들을 보면서 나도 이렇게 기쁜데, 하나님께서는 얼마나 흡족해하실까 하는 생각도 들었다. 나는 은혜가 넘치는 신앙생활이 계속 지속되기만을 바랐다.

이동원 목사님 부임 후 체계적인 성경 공부를 통해, 교회는 양적, 영적 성장을 이루어 갔다. 많은 청년들의 변화와 단기 선교 사역, 한인 교회로는 최초로 노래하는 큰 성탄 트리, 미국 NBC 방송국에서 성탄절 아침 메시아 공연, 해외 유학생들을 위한 KOSTA 사역 등 많은 귀한 사역들을 제일한인침례교회가 감당할 수 있었다. 모든 성도들은 우리 교회가 이러한 사역을 계속 감당하며, 그냥 이대로 끝까지 지속되기를 바라는 마음이 컸다. 하지만 이런 잔잔한 평화가 우리를 현재에 안주시키는 독이 될 수 있음도 잘 알고 있다. 어쩌면 그래서 담임 목사님이 이를 간과하지 않고 새로운 도전을 교회에 선포하신 것이 아닌가 생각된다.

1993년 가을, '비전 2000'이라는 그동안 전혀 생각하지 못했던 담임 목사님의 목회 방향에 대한 계획이 알려지면서 교우들은 염려와 당혹감을 감출 수 없었다. '비전 2000'이란 두 분의 목사님이 한국과 미국에서 같은 목회 방향을 가진 두 교회를 공동으로 섬기는 사역을 말한다. 다시 말하면 미국에 있는 본 교회와 같은 비전을 가진 교회를 한국에 개척하고, 같은 사역 철학을 가진 두 분의 목사님이 두 개의 교회를 '교차 사역'하는 것이었다. 즉, 두 교회를 두 분의 담임 목사가 교차하며 교회를 섬기는 사역의 모델이다. 그동안 본 교회가 개발해 온 성경 공부와 전도, 선교 사역에 대한 자료들을 두 교회가 공동으로 활용하고, 다양한 은사와 소명을 가진 목회자와 평신도들이 일정 기간 양 교회를 오가며 서로 사역을 지원하는 최초의 시도이기도 했다.

이동원 목사님은 본 교회 창립 20주년을 바라보면서 "너희는 가서 모든 민족에게 복음을 전하고 제자를 삼으라"(마 28:19, 행 1:8)는 주님의 지상 명령과 바울과 바나바를 세계 선교의 장에 내놓은 안디옥 교회의 모본(행 13:2-3)을 따르고자 기도하셨다. 이동원 목사님은 교회 부임 10년 되던 1993년 8월 5일 안수집사들을 집으로 초청하여 그동안 한결같이 헌신한 동역에 사랑과 섬김에 감사를 표시했다. 그리고 그가 지금까지 기도하며 생각해 온 한국 목회와 세계 선교에 대한 부담을 나누며 공동 목회에 대한 계획을 설명하고, 질문도 받으면서 진지하게 의견을 나누며 기도하는 시간을 가졌다. 물론 교회를 사임하시고 완전히 떠나시는 것보다는, 두 교회가 선교 협력과 교차 사역 등을 통해 목회 협력이 가능하다면 교차 사역 방법이 훨씬 좋게 생각됐다. 실행위원 모두가 처음에는 당황하고 걱정하며 의아하게 생각했지만, 하나님의 교회이고 하나님이 함께하심을 믿고, 하나님의 선하신 뜻이 이루어지기를 간절히 기도하고 마쳤다.

나는 이동원 목사님을 오랫동안 옆에서 지켜보면서, 그가 한국과 세계 선교에 대한 큰 꿈을 가지고 기도하고 있음을 잘 알고 있었다. 솔직히 이제 교회가 점점 성장하고 있고, 별 갈등 없는 교회에서 좋은 성도들과 함께 좀 더 누리고 좀 더 행복하게 사역을 하실 수 있음에도 불구하고, 이동원 목사님은 여전히 주 안에서 주님의 사명을 감당하기 위해 꿈을 꾸고 있었다. 나는 언젠가는 목사님의 사역 방향에 대한 생각이 구체화될 것이라고 생각하고 있었지만, 그 시기가 이렇게 빨리 올 줄은 몰랐다. 그동안 교회 건축과 더불어 교회의 성장을 위해서 담임 목사님이 너무나 고생하셨기에, 좀 더 축복을 누리기를 기대했는데 이동원 목사님은 그런 호사를 거부하셨다.

사도 바울은 전도 여행을 통해서 많은 교회를 개척했고, 혹은 이미 이루어진 교회 공동체에 많은 영향을 끼쳤다. 분명 그 여정이 결코 쉽지 않았다. 1차 전도 여행 중에는 죽음의 협박으로 인해 도망가기도 했고, 루스드라에서는 돌로 죽기 전까지 맞기도 했다. 2차 전도 여행에서도 빌립보에서 죽도록 맞고 감옥에 갇히기도 했다. 그는 목숨을 걸고 개척한 교회를 좀 더 안정되게 인도하고, 정착할 수도 있었다. 하지만 그는 땅 끝까지 복음을 전하기 위해 최선의 달음질을 했다. 솔직히 세상 사람들은 자신들이 어렵게 이루어 놓은 터전에서 좀 더 누리고 싶어 한다. 기득권을 주장하며 선배 노릇 하려고 하는 것이 세상의 이치인데, 많은 믿음의 종들은 그런 복을 부담스러워했다. 나는 감사하게도 미국에서 신앙생활 하는 가운데, 이런 귀한 하나님의 종들을 많이 만날 수 있었다. 초창기에 미국에 정착하여 함께 사역한 나의 친구 김현칠 목사님도 그런 분이었고, 나의 영적 성장을 이끌어 준 이동원 목사님도 그런 분이었다. 또한 성도들을 위해 자신의 것을 주장하지 않는 김두화 전도사님도 귀중한 하나님의 종이었다. 그들은 모두 교회 공동체를 위해 모든 것을 쏟아부어 섬기면서도, 다른 지역으로 도움이 필요한 곳으로 기꺼이 떠났다.

성전 건축이 끝난 후 이 목사님이 6개월간 안식년을 마치고 돌아오신 어느 날, 조용히 따로 만나 이 목사님의 생각을 알아보는 기회를 가졌다. 그때 이 목사님은 미국에 처음 올 때부터 갖고 있던 한국과 세계 선교에 대한 비전을 포기할 수 없었다고 말씀하시면서 공동목회에 대한 생각을 언급했다. 안수집사들과 대화 후에 이 목사님은 이어서 교역자 모임에서 동일한 심정과 계획을 나누었다. 그래서 교역자들과 안수 집사들로 구성된 실행위원회에서 구체적인 계획을 의논하면서, 이 문제를 교회의 '세계선교원' 이사회에 위임하여 빠른 시일 안에 공동 목회에 대한 구체적인 절차와 과정 그리고 계획을 검토하고 연구하도록 했다. 이 모임에서 '비전 2000 공동 목회안'이 구체화됐고 실행을 준비하게 됐다.

물론 교회 안에서 여러 가지 우려가 있었다. 수많은 교회들이 성전 건축이 끝나거나 담임 목사의 이동이 있게 되면, 교회가 분열되고 많은 문제들이 생기는 사례들을 보아왔기 때문이다. 하지만 교회의 머리 되신 예수 그리스도를 신뢰하면서, 위원회에서는 조용하면서도 신중하게, 간절히 기도하며 모든 절차를 진행하기로 했다. 안수집사들은 매주 수요일 새벽에 모여 하나님의 인도하심을 간절히 기도했다. 돌이켜보면 교회의 큰 변화 과정 중에도 어떤 어려움이나 다툼 없이, 온 교회가 한마음으로 큰 비전을 품고 진행하게 하심은 전적으로 하나님의 은혜이며 감사할 뿐이다.

1993년 9월 5일, 임시 집사회에서 '비전 2000 공동 목회안'이 제안되고 토의됐다. 이동원 목사님은 간절한 기도와 함께 토론회를 인도하셨다. 집사회에는 긴장, 염려와 함께 혼란스러운 분위기가 감돌았다. 담임 목사님도 긴장된 표정으로 쏟아지는 많은 질문에 답변하셨다. 누군가가 이 안건은 담임 목사님과 직접 관련된 안건이니 사회자를 바꾸는 것이 좋겠다고 제안하여, 세계선교원 부원장이던 내가 사회자로 선출되어 회의를 진행했다. 초반에는 많은 질문과 토의가 계속됐다. 성전 건축이라는 큰 프로젝트를 이제 막 함께 끝냈는데, 갑자기 이러한 큰 변화를 이야기한다는 것에 대해 이해하지 못하겠다는 성도들도 있었다. 물론 이런 불만은 담임 목사님에 대한 이별의 아쉬움에서 나온 것이다. 다소 경직된 분위기 속에서 담임 목사님은 이 계획이 오랫동안 기도와 심사숙고 끝에 나온 것임을 설명하셨다. 간절한 그의 목회 계획과 하나님 나라를 위한 자신의 비전을 흔들림 없이 나누면서 분위기는 점차 진정되어 갔다. 오랜 시간의 토의 끝에 무기명 투표로 제직회의 의사를 물었다. '비전 2000' 공동 목회안은 결국 92%의 찬성으로 제직회를 통과했다. 이제 마지막 단계인 사무총회 인준 절차만 남았다. 사무총회는 등록 교인 모두가 참여하는 모임이다. 1993년 9월 1일 임시 사무총회가 소집됐다. 이 회의도 제직회의 때와 같이 이동원 목사님과 내가 사회를 맡아 진행했다. 처음 이 소식을 접한 어떤 성도는 흥분하기도 했고, 심지어는 항의를 하는 성도들도 있었지만, 전반적으로 모든 회의가 은혜롭게 진행됐다. 마지막 토의를 종결하고 무기명 투표를 한 결과 참석자의 95%가 압도적으로 찬성하여 '비전 2000' 프로젝트는 통과됐다.

사무총회를 은혜롭게 마친 교회는 10월 4일부터 11월 6일까지 한 달간 '비전 2000'의 실천을 위해 특별 새벽 기도회를 가졌다. 이동원 목사님과 김만풍 목사님이 교대로 사도행전을 중심으로 초대교회 사도들의 행적을 살펴보며 복음이 어떻게 전파되었는지를 살펴보았다. 이동원 목사님은 "당신은 어떻게 사도행전을 쓰고 있는가?"라고 도전하면서, 아직도 끝나지 않은 사도행전의 속편을 자신을 비롯해 우리 교회가 계속해서 써 나가야 함을 선포하셨다.

1993년 11월 7일, 교회 창립 19주년을 기념하며 공동 동역 담임 목사 취임 예배를 드렸다. 이동원 목사님은 사도행전 13장 1~3절 말씀을 통해서, 안디옥 교회도 리더들이 필요한 상황에서도 바울과 바나바를 따로 세워 세계 선교를 위해 파송했듯이, 워싱턴 지구촌 교회도 주님께 쓰임 받는 교회임을 확신하며 축복했다. 교우들의 아쉬움과 기대가 엇갈리는 분위기 속에서, 앞으로도 계속 워싱턴 지구촌 교회의 길을 인도하실 주님을 신뢰하며 두 목사님을 축복했다.

지구촌교회로 개명과 한국 지구촌교회 탄생

갑자기 '워싱턴 지구촌교회'가 나와 어리둥절할 것이다. 제일한인침례교회는 공동 목회를 위해 교회 명칭을 '워싱턴 지구촌교회'로 바꾸었다. '제일'이라는 단어는 우월 의식이 담긴 듯했고, '한인'이라는 단어는 한 국가와 민족에게 국한된 인상을 주었으며, '침례'라는 단어는 타 교파 출신들에게 불편한 마음을 줄 수 있다고 생각됐기 때문이다. 또한 본 교회와 한국 교회가 공동 목회, 공동 사역, 공동 선교를 위해서는 명칭의 동일성이 필요했다. 그래서 교회의 새로운 이름에 대한 공모를 했고, '지구촌교회'로 결정됐다.

1994년 1월 1일부터 그동안 사용해 오던 '제일한인침례교회'라는 이름을 공식적으로는 '남침례회 워싱턴 지구촌교회(Global Mission Church of Greater Washington, Southern Baptist Convention)'로 변경했다. '지구촌'이라는 이름은 지구 전체를 한 마을 개념으로 이해하고 복음을 땅끝까지 전한다는 선교적 열정과 공동 목회, 공동 사역,

공동 선교를 통해 한 가족됨의 의미를 담고 있다.

1993년 11월 11일, 이동원 목사님은 '비전 2000'에 따른 사명을 감당하기 위해 워싱턴을 떠나 한국으로 향했다. 그는 한국에 도착하자마자 먼저 기도의 단을 쌓았다. 수많은 교회들 중에 하나를 개척하는 것이 아니라, 진심으로 하나님께서 원하시는 주님의 교회가 세워지기를 간절히 바랐기 때문이었다. 교회를 개척하는 과정에서의 이동원 목사님이 겪은 고충을 모두 알지는 못하지만, 그동안 그의 삶을 옆에서 지켜본 바로는, 목사님께서는 분명 수많은 어려움 앞에서도 내색하지 않고 하나님의 뜻을 구하며 간절히 기도하셨으리라 짐작할 수 있다.

한국 지구촌교회 탄생을 위한 7주 동안의 기도회를 갖기 시작했다. 솔직히 하나의 교회 개척을 위한 기도 모임은 유난히 극성스러울 수도 있었다. 그만큼 어렵고 중요한 일이었다. 첫 기도 모임에 참여한 사람은 장년 65명과 어린이 15명이나 됐다. 그동안 그의 인품과 그의 말씀의 능력을 알고 있던 주변의 많은 사람이 모였다. 그리고 은혜에 은혜를 더해서 마지막 7주차에는 장년 277명, 어린이 76명이 참석하여 기도 모임을 진행했다.

그리고 마침내 경기도 용인군 수지면 SK빌딩 5층 강당에서 500여 명의 성도들과 내외 귀빈들이 참석한 가운데 역사적인 '한국 지구촌교회'가 탄생했다. 이동원 목사님의 사회로 시작된 예배에서 설교는 남서울교회를 담임한 홍정길 목사님, 대표 기도는 한국 해외선교회(GMF)의 이태웅 목사님, 권면과 축사는 당시 온누리교회의 하용조 목사님, 축도는 사랑의교회 옥한흠 목사님이 담당했다. 워싱턴 지구촌교회에서는 윤성희 안수집사가 대표로 참석하여 축하했다. 참석한 모든 성도들이 기뻐하고 감사하며 하나님께 영광을 올려 드리는 축복된 예배였음을 확신한다.

그리고 1994년 5월 7일, 서울 양재동 횃불회관에서 한국 지구촌교회가 공식적으로 창립 예배를 드렸다. 1,400여 명의 내외 귀빈과 그동안 기도해 온 성도들이 모여 감격적인 창립 예배를 드린 것이다. 6개월 전 장년 60여 명이 모여 교회 개척 준비를 했던 성도의 수가 장년 614명, 어린이 108명으로 늘어난 것이다. 이동원 목사님의 사회로 시작된 예배에서 수원중앙침례교회의 김장환 목사님이 설교했고 이세봉 목사님의 창립 경과 보고, 김만풍 목사님의 창립 언약 낭독, 그리고 내가 워싱턴 지구촌교회 안수집사 대표로 축하 메시지를 전했다. 물론 워싱턴 지구촌교회에서도 이를 축하하기 위해 대표 5명과 성가대원 14명, 모두 19명이 참석했다.

첫 공동목회의 교차사역

비전 2000의 공동 목회 사역의 일환으로 첫 교차 사역이 1994년 2월 24일부터 3월 24일까지 진행됐다. 이동원 목사님은 워싱턴에서, 김만풍 목사님은 한국에서 각각 강대상을 지키며 첫 교차 사역을 했다. 이러한 시도는 한국이나 미국에서 처음 있는 모델이었다.

교회는 이동원 목사님이 교회를 떠났다는 느낌 없이 자연스럽게 전과 같이 반갑게 맞이하며 교제했다. 그리고 3월 4일부터 6일까지는 워싱턴 지구촌교회 창립 20주년 기념 춘계 부흥회를 은혜롭게 인도했다.

계속해서 공동 목회의 차원에서 1996년과 1998년 봄, 한국과 워싱턴 지구촌교회의 성도 40여 명이 두 번에 걸쳐 튀르키예(구 터키) 성지 순례를 함께 했다. 당시 현지 선교사였던 조용성 목사님과 이동원 목사님의 안내로 바울의 출생지인 다소부터 시작하여 소아시아 7대 교회의 유적지를 돌아봤다. 바울이 바나바와 함께 안디옥 교회의 파송(행 13:2-3)을 받아 시작한 1차 전도 여행 지역과 2차, 3차 전도 여행 지역들을 중심으로 순례했다. 나는 전에 예수님의 행적을 따라 이스라엘 성지 순례를 한 적이 있다. 그런데 이번 바울 사도 선교지를 따라가는 튀르키예 선교 여행은 무엇보다 이동원 목사님의 풍성한 말씀과 설명으로 너무나 흥미로운 성지 순례였다. 교통도 불편하고 위험한 상황에도 불구하고 복음을 전한 바울 사도의 열정과 헌신에 깊은 감동과 도전을 받았다.

바울은 옥에 갇히기도 많이 하고, 매도 수없이 맞고, 여러 번 죽을 뻔했으며, 유대인들에게 40에서 하나 감한 매를 다섯 번 맞고, 세 번 태장으로 맞고, 한 번 돌로 맞았다. 세 번 파선하고, 일 주야를 깊은 바다에서 지냈다. 여행하면서 강과 바다의 위험, 거짓 형제의 위험을 당하고, 여러 번 자지 못하고, 주리고 목마르고, 춥고 헐벗었다고 고백했다(고후 11:23-27). 이러한 고난과 어려움 속에서도 오로지 하나님의 복음 전파에 전력을 다한 바울은 참으로 위대하고 신실한 주님의 종이었다. 우리 부부는 이 선교 여행을 통해 선교에 대한 도전을 받았다. 공동 목회 사역의 교차 사역은 15년간 계속되어 모든 교회들에게 좋은 모범이 됐다.

9.
워싱턴 한미봉사센터와 상담사역

이민자 정착 도움

이민자들이 처음에 미국에 정착할 때 많은 문제에 직면한다. 특히 언어 문제, 아파트와 직장을 구하는 문제, 자녀들의 학업 문제, 병원 문제 등 누군가의 도움이 절실하다. 당시 많은 교회 사역자들이 이런 일들을 도왔다. 미국에 처음 온 분들을 공항 픽업으로부터 시작하여 아파트 구하는 일, 직장을 구하는 일을 돕고 통역으로 많은 도움을 주었다. 그래서 처음 공항에서 누가 픽업하는가에 따라 교회가 정해지고 직장과 그들의 삶의 방향이 정해진다는 말도 있었다. 그리고 점차 이민 생활이 안정되어 가기 시작하면, 한국에서 부모님을 모셔오는 사람들이 많았다. 그래서 교회에 노인들이 증가했고, 그들에 대한 사역이 중요해졌다. 점차 이민자들이 증가하면서, 이러한 많은 대민 사역들을 목사님만으로 감당하기에는 한계가 있었다. 영어도 잘하고 미국 생활에 경험도 많고 복지 분야를 잘 아는 전문가들이 필요했다. 그래서 이러한 일을 전담하는 봉사센터가 생겼다. 우리가 살던 메릴랜드주 실버스프링(Silver Spring) 지역에 이러한 사역을 전담하는 '워싱턴 한미봉사센터'라는 기관이 있었다. 마침 이 사역을 하던 목사님이 은퇴하면서 이 사역을 워싱턴 지구촌교회가 인수받았다. 나는 워싱턴 한미봉사센터의 이사장을 맡게 되어 이사진을 새로 구성했다. 총무는 남침례교단의 교회 개척과 성장을 돕는 사역을 하는 박태환 목사님이 맡아 주었다. 그리고 각 분야별로 전문가들을 자문위원으로 초빙하고 필요에 따라 자문을 받았다. 자문위원들은 일정 시간 무보수로 섬기는 재능 기부자들이었다. 법률 상담은 물론, 의료 상담, 이민에 관한 상담 등을 통해 많은 문제들을 해결하는 데 도움을 주었다. 심지어는 가정 문제, 자녀 문제 등 실생활에서 생기는 많은 문제들을 섬겼다.

이민자 상담 사역

나는 회계사의 일을 하면서 여러 가지 사안에 관해 상담했는데, 참으로 다양한 사연들이 많았다. A 부부는 이민 초기에 이른 새벽부터 해 질 때까지 건설 현장에서 열심히 일했다. 세월이 지나면서 경제적인 여유가 생겨 큰 집도 사고, 좋은 차도 사고, 좀 편안해지기 시작하면서 조금씩 문제가 생기기 시작했다. 그때 우리 부부가 방문하여 상담도 하고 신앙생활을 권면하기도 했지만, A 부부는 신앙생활

만큼은 선을 긋고 거부했다. 오히려 어려웠던 지난날들을 보상이나 받듯이, 점차 몸을 치장하는 값비싼 장신구에 관심이 많았고, 여행도 자주 다녔다. 그런데 언제부터인가 남편이 바람을 피웠고, 부부간의 신뢰가 깨졌다. 결국 이들은 이혼하고 갈라서게 됐다. 참으로 어려운 시절에는 부부가 한마음이 되어 서로 위로하며 잘 극복해 나가다가, 이상하게도 물질적 풍요로움이 찾아오면 문제가 생겨 이혼하는 경우가 이민 사회에 많았다.

성경에도 하나님 마음에 합한 사람이었던 다윗은 세상의 모든 것을 가졌음에도 불구하고, 한밤에 한 여인을 탐하는 모습을 보면, 아이러니하다. 그는 세상의 모든 부와 권력을 가졌고, 또한 하나님의 축복 속에서 더욱 풍성한 삶을 누릴 수 있는데, 왜 그랬을까? 인간의 죄악 된 본성이 언제나 우리 안에 있음을 결코 가볍게 보아서는 안 됨을 명심해야 할 것이다. 날마다 우리 자신은 곤고한 자임을 고백하며 주님을 의지해야 할 것이다.

또 다른 B 부부는 남편은 자동차 관련 사업을 하고, 부인은 미용사로 일하면서 돈도 잘 벌고, 큰 집도 사고, 재미있게 살다가 부부간의 갈등이 생겼다. 물론 갈등의 원인은 정확히 모른다. 이런 경우를 우리는 '성격 차이'라고 통칭하기도 한다. B 부부는 교회에 열심히 출석했지만, 구원의 확신은 없었다. 우리 부부는 에베소서 5장 22-33절 말씀을 가지고, B 부부에게 권면했지만, 아내는 도저히 남편에게 그렇게 복종하기 쉽지 않다고 말했다.

"아내들이여 자기 남편에게 복종하기를 주께 하듯 하라 이는 남편이 아내의 머리 됨이 그리스도께서 교회의 머리 됨과 같음이니 그가 바로 몸의 구주시니라 그러므로 교회가 그리스도에게 하듯 아내들도 범사에 자기 남편에게 복종할지니라"_ **엡 5:22-24**

이 말씀은 모든 부부에게 필요한 말씀이지만, 솔직히 실천하기 어려운 말씀이다. 나 역시도 아내와 약 65년을 함께 살아왔지만, 발견한 분명한 진리 한 가지는 '배우자는 안 바뀐다'는 것이다. 부부가 서로 잘못된 것을 말하면, 겸손히 받아들여 개선해 나가면 좋으련만 '지적질'을 한다고 서로 상처를 받는다. 솔직히 '사람은 안 변한다'는 말 자체도, 자기 입장에서 자신이 원하는 대로 상대방이 바뀌지 않는다는 이기적인 생각이다. 부부 갈등 해결의 가장 좋은 방법은, '옳고 그름'과 '효율적 방법'을 떠나서 그저 인정하고 포용해주는 것이 아닌가 생각한다.

우리는 B 부부와 계속 이야기를 나누면 더 감정만 상하게 될 것 같았다. 그래서 이들의 마음을 동하게 하시도록 성령님께 간구했다. 놀랍게도 그들도 함께 기도하면서 회개했고, 다시 관계를 회복하게 됐다. 하지만 오래가지 않아 다시 갈등이 격화됐다. 한번은 한밤중에 전화가 와서 받았더니, 부부가 싸움을 하고 있는데 남편이 자기를 죽일 것 같다고 하면서 도움을 요청하는 것이었다. 우리 부부는 속히 달려가서 서로를 진정시켰다. 결국 초등학생인 아들이 있음에도 불구하고 서로의 신뢰가 무너져 합의 이혼을 하게 됐다.

일반적으로 부부간의 문제는 오랜 시간 동안 갈등이 쌓여서 감정으로 표출되고, 또한 지극히 개인적인 문제들이 많다. 이를 치유하기에는 많은 시간이 소요되고, 쉽게 해결되지 않음을 절실히 느끼고 있었다. 아쉽게도 기독교인이나 비기독교인이나 상관없이 이혼율에 별 차이가 없다고 한다. 참으로 부부의 문제들 중에는 결코 설득되지 않는 여러 문제들이 존재하는 것 같다.

한번은 조그마한 식료품 가게를 운영하는 중년 남성 고객 C가 사무실을 방문했다. 다른 지역으로 이사를 하게 되어 운영하던 가게를 정리하면서 인사차 방문한 것이다. 특히 그는 나에게 감사할 일이 있다며 이렇게 말했다. 자신은 오래전부터 교회를 다녔지만, 교회에서 사업 관계로 한 교인과 관계가 나빠지고 '예수 믿는 사람이 어떻게 그럴 수 있을까' 생각하며 교회를 떠났다는 것이다. 그런데 내 사무실에 올 때마다 항상 책상 한쪽에 성경책이 있고, 나와 대화를 하다 보면 마음이 편안해진다는 것이다. C 형제는 부족한 나를 통해서 예수 믿는 사람의 모델을 보았다고 말하면서 새로 이사하는 지역에 가서는 교회를 찾아 신앙생활을 다시 시작하겠다고 약속했다. 너무 뜻밖의 말에 한편으로는 부끄럽기도 했지만, 믿는 자들로 인해 상처를 받은 그에게 안타까운 마음도 들었다. 참으로 교회는 다양한 사람들이 모이기 때문에, 사람들로 인해 실망하게 되기도 한다. 나는 C 형제와 함께 성경 히브리서 12장 1-2절을 같이 읽고, 우리가 어디에서 살든, 오직 믿음의 주요 또 온전하게 하시는 이인 예수를 바라보고 성경 말씀에 순종하는 삶을 살자고 권유하면서, 함께 손을 잡고 기도했다.

J 부부는 워싱턴 D.C.의 흑인 거주 지역에서 조그마한 식료품 가게를 운영하는 고객이었다. 영어는 능숙하지 못했지만, 마음이 착하고 부지런한 부부였다. 나는 J 부부에게 복음을 전하기도 했지만, 자신들은 주 7일 동안 가게를 열고 일을 해야 살아갈 수 있다고 하면서 주저했다. 실제로 J 부부는 1년 365일, 아침 8시에 문을 열고 저녁 8시에 가게 문을 닫았다. 그런데 그 가게 건물 주인이 한국 사람이었는데, J 부부에게 건물을 팔고 싶어 했다. 건물은 좀 낡았지만 2층으로 되어 있고 지하실까지 있어 건평은 꽤 큰 건물이지만, J는 1층만 필요했기 때문에 큰 건물은 필요가 없었다. 더욱이 건물 주인은 건물 크기를 기준으로 값을 비싸게 달라고 하여 고민하고 있었다. 당시 그 주변은 주거 환경이 좋지 않고, 위험한 지역이라, 건물 2층에 세를 들어올 사람을 찾는 것도 쉽지 않았고, 그만한 돈도 없었다. 건물 주인도 다른 사람들에게 팔기도 힘든 건물임을 알고 있었기에, 만일 건물을 사지 않으면 월세를 대폭 올리겠다고 했다. 결국 J 부부는 나에게 도움을 요청했다. J는 건물의 인수 문제는 회계사인 나에게 모든 권한을 위임하기로 했다. 그래서 내가 건물 주인을 만나 무조건 건물 크기에 맞추어 값을 요구하지 말고, 그 지역 상황과 시세에 맞게 정해야 인수할 수 있을 것이라고 했다. 그렇지 않으면 그분들은 이 가게를 포기하고 다른 곳으로 옮겨 사업을 할 수밖에 없을 것이라고 했다. 그리고 위험한 지역에 와서 이분들처럼 열심히 일할 사람도 없을 것이라고 말하고, J 부부가 사용하는 가게 면적을

중심으로 건물 값을 알려 달라고 했다. 결국 가게 면적을 중심으로 값을 조정하고 인수하게 됐다. 그 후 J 부부는 마음 놓고 가게를 계속 운영하게 됐다. 감사하게도 워싱턴 D.C. 정부에서 그 지역을 재개발하게 되면서, 완전히 새로운 모습으로 지역이 변하고, 백인들도 주위에 많이 들어오면서 건물 가격도 대폭 올랐다. 그리고 자신들도 교회에 나가 신앙생활을 열심히 하겠다고 약속했다. 아쉽게도 우리가 사역지로 떠나게 되면서, 나는 그들을 계속 지켜보지는 못했다.

어떤 경우는 교회를 돕고자 하다가 사기를 당하는 경우도 있었다. 교회 주차장 부족 문제는 많은 교회들의 공통된 문제다. 어느 날 교회 K 집사 한 분이 교회 앞에 있는 아파트를 구입하여, 아파트 내 주차장 일부를 사용하자고 제안했다. 그는 아파트를 인수할 때, 정부의 HUD(U.S, Department of Housing and Urban Development)라는 기관의 지원을 받으면 큰 부담 없이 구매할 수 있고, 또한 아파트를 월세 주면 어느 정도 수입도 얻을 수 있다는 의견을 제안했다. 그리고 이런 일을 잘 아는 미국 교회의 한 집사님이 도와주기로 했다고 강하게 주장했다. K는 교회의 어려움을 고민하며 한 가지 방법을 찾은 것이다. 그러나 이 프로젝트는 교회에서 감당하기는 적절치 않고, 재정적인 부담도 크고 HUD의 지원을 받는다는 보장도 없었기에, 부정적 의견을 내놓았다. 하지만 K는 워낙 강하게 주장했기 때문에 결국 투표했고, 그 안은 채택되지 못했다. 그런데 K 집사는 자신의 생각이 옳다고 스스로 확신하며, 개인적으로 이 일을 진행했다. 안타깝게도 그는 미국인에게 사기를 당했다

K 집사는 선한 의도를 가지고 시작했는지는 모르지만, 그의 선한 목적은 부분적이었다. 하와는 뱀의 꾐에 넘어가 선악과를 따먹었다. 성경에서 악은 하나님 말씀에 대한 불순종이다. 하지만 하와가 사랑하는 아담에게 선악과를 건넬 때는 무슨 마음이었을까? 뱀은 여자를 꼬드겨 하나님께 불순종하게 유혹했지만, 꾐에 넘어간 하와는 아담에게 좋은 것을 나누고자 하지 않았을까?

사기꾼의 거짓말도 들으면 들을수록 진실처럼 느껴지고, 믿고 싶은 것만 믿게 되어 그것이 확신하는 시대다.

"너희는 이 세대를 본받지 말고 오직 마음을 새롭게 함으로 변화를 받아 하나님의 선하시고 기뻐하시고 온전하신 뜻이 무엇인지 분별하도록 하라" _ 롬 12:2

숭실대학교 동문회 활동

숭실대학교는 내가 신앙생활을 하면서 구원의 확신과 삶의 바른 목표를 갖고 살도록 인도해 주었고, 생애에 첫 직장을 갖게 한 소중한 대학이다. 내가 워싱턴에 처음 왔을 때, '평양 숭실대' 출신 선배네 가정이 살고 있었다. 이들은 오랜 기간 가까이 교제하며 '숭실 교우회'를 만들고, 자주 모여 옛 평양 숭실대를 회상하며 지냈다. 그런데 서울에서 재건된 '서울 숭실대' 졸업생 두 가정도 살고 있었지만 서로 알지 못했다.

내가 워싱턴 지역에 오던 다음 해인 1972년, 당시 숭실대 총장이던 김형남 박사님이 방문했다. 총장 환영회를 겸해 워싱턴 지역 동문회를 정식으로 조직하게 됐다. 그때 김 총장님도 평양 숭실대 출신이어서 평양 숭실대 선배님들을 알게 되었고, 자연스럽게 모임이 이루어졌다. 나는 워싱턴 지역 숭실대학교 동문회 회장직을 맡아 평양 숭실대학교 동문들과 서울 숭실대 동문들 사이에 가교 역할을 하며 10년 이상 동문회장을 섬겼다.

특별히 모교의 재학생들을 위한 장학금을 모아 전달하는 일을 주로 했다. 모교의 학생회관을 건축할 때는 특별 모금 운동을 벌여 적지 않은 금액을 전달했고 보람을 느꼈다. 김형남 총장님으로부터 감사와 격려의 편지도 받았다. 그리고 모교의 교수나 졸업생들이 이 지역을 방문하면 안내하는 역할도 했다. 한국에서 미국을 방문하면 워싱턴 D.C.가 미국의 수도이기에 대부분 거쳐 가게 된다. 덕분에 역대 총장님들과 수많은 교수 및 졸업생들을 섬길 수 있는 기회를 가졌다. 또한 동문인 이민자들이 이 지역으로 오게 되면 차량 제공과 아파트 및 직장을 구하는 일을 도왔다. 그들이 미국에 잘 정착할 수 있도록 돕는 일을 하기도 했다.

한번은 겨울 방학에 모교 합창단이 미주 순회 공연을 하게 되어 워싱턴 지역을 방문했다. 30여 명의 합창단원을 동문 가정들에 배정하여 숙식과 교통 편의를 제공하며 모교의 순회 공연을 도왔다. 해가 갈수록 미주에 이주해 온 동문들이 증가하고 각 지역마다 숭실대학교 동문회가 조직되면서, 미주 전체 동문회의 필요성이 제기됐다. 그리하여 각 동문 지역 대표들의 의견을 모아, 동문들이 가장 많은 LA에서 숭실대학교 미주 총동문회 총회를 가졌다. 초대 회장은 LA 지역에서 맡았고, 후에 나는 2대 총동문회 회장직을 맡아 섬겼다. 감사하게도 모교는 나에게 "모교를 빛낸 동문"이라는 표창과 상패를 수여했다. 후에 연변과기대와 평양과기대를 섬기는 동안 모교로부터 '명예 경영학 박사 학위'를 받았다.

10.
북한동포를 돕는 KASM사역

북한동포돕기 사역의 시작

KASM은 Korean American Sharing Movement의 약자로, 워싱턴 수도권 지역에 살고 있는 한인들을 중심으로 조직된 북한 동포를 돕기 위한 비영리 단체다. 나는 신학 공부를 했지만, 평신도로서 주님의 제자로 살려고 노력했다. 실제로 평신도 직분자로 교회 예배당도 두 번 건축하고, 주일학교 교사와 전도 폭발 사역 등 많은 사역들을 하면서 교회를 섬겼다. 하지만 이것이 나의 자랑이 되고 교만해질 수 있음을 늘 자각했다. 나는 전형적으로 내성적이기에 남들 앞에 리더로 서는 일이 늘 부담스러웠다. 하지만 하나님께서는 나의 부족함과 약점이 있음에도 나를 북한 사역에 귀하게 사용해 주셨고, 지금도 북한 동포들을 위해 기도한다.

1995년과 1996년에 북한에 큰 홍수 피해가 발생하자, 외부에 문을 닫고 있던 북한이 국제 사회를 향해 심각한 홍수 피해를 알리며 도움을 요청했다. 참혹한 북한의 현실이 매스컴을 통해 연일 알려지면서 한국을 비롯한 국제 사회에 그들을 돕기 위한 여러 가지 움직임이 있었다. 당시 어떤 뉴스에서 북한에 굶어 죽은 사람이 적어도 백만 명에서 많게는 삼백만 명이 될 것이라고 전하는 소식에 충격을 받았다. 미국에서는 먹을 것이 넘쳐 태반이 쓰레기로 버려지고 있는데, 21세기에도 여전히 한 나라 안에 수백만 명이 굶어 죽는다는 소식은 믿기지 않았다.

나는 같은 민족이라고 해도 평소에 북한에 대해 별로 관심이 없었다. 왜냐하면 내가 중학교 때 일어난 한국 전쟁을 통해 북한 공산당의 실상을 똑똑히 보았기 때문이다. 한국 전쟁 때, 북한군은 서울을 거쳐 우리가 살고 있던 마을을 점령하여, 그들의 이념과 사상에 동조하지 않는 사람들을 '반동분자'로 몰아 고문하고 심지어 죽이기까지 했다.

참으로 한국 전쟁은 끔찍한 비극이었다. 나라가 힘이 없으면 주변 나라들의 장난감이 되어 이용당하고, 남북한 국민들은 자신들도 알지 못하는 정치적 선동으로 지옥 같은 삶을 살게 된다. 같은 하늘 아래, 같은 땅을 밟고 살아가는 한민족이었지만, 무엇이 우리를 그토록 갈라지게 했는지 한 세기 가까이 살아온 지금도 이해할 수 없다.

나는 예수님을 믿고 이웃을 섬기고 있었지만, 북한 공산당을 향한 증오는 쉽게 지워지지 않았다. 그저 북한은 타도의 대상이지 사랑의 대상이 아니라고 생각했다. 그때 무엇보다도 로마서 12장 20절 "네 원수가 주리거든 먹이고 목마르거든 마시게 하라"는 말씀을 묵상하면서, 그동안 내가 그들을 판단하고 정죄한 죄를 회개하고 기도하며 하나님의 인도하심을 구하게 됐다. 우선 굶어 죽어가는 이들의 생명부터 살려야 그들에게 복음을 전할 기회가 생기는 것이 아닌가 하며 기도했다.

KASM (우리민족서로돕기운동) 창립

비록 한반도가 둘로 나뉘었지만, 대부분의 한국 사람들은 굶주리고 억압받는 북한 동포에 대해 관심이 많다. 당시에는 북한 사람들의 지원에 대한 공감대가 한국과 미국에 광범위하게 퍼져 있었고, 특히 미국의 한인 교회에서도 큰 관심을 갖고 있었다. 어쩌면 나는 이러한 시대적인 요구에 의해 나의 마음속에 웅크리고 있던 북한에 대한 미움이 더욱 북한에 대해 관심을 갖게 만들었는지도 모르겠다. 솔직히 내가 미운 것은 공산주의와 북한의 억압자들이었고, 오히려 북한 주민들은 강도당한 사마리아 사람들처럼 생각됐다.

나는 기도하면서 북한을 돕고자 결단했다. 우선 나는 미국과 미국 사회를 잘 알고 있는 젊은이들을 중심으로 모임을 조직했다. 감사하게도 워싱턴 지역의 신실한 젊은이 5~6명을 만났고 그들과 같이 기도하며 북한 동포를 돕기 위한 준비를 했다.

이 무렵에 이동원 목사님이 공동 목회 교차 사역으로 워싱턴을 방문하셨다. 그래서 북한 동포에 대한 나의 생각을 나누며 조언을 구했다. 이 목사님도 민족을 치유하는 사역에 대해 관심이 크셨고, 나의 생각에 적극적으로 동의하면서 한국의 '우리민족서로돕기운동'을 소개해 주셨다. 이 단체는 비록 기독교 단체는 아니었지만, 신실한 그리스도인들이 많이 참여하고 있는 모임이었다. 그리고 홍정길 목사님의 남북 나눔 운동과 김순권 옥수수 박사의 활동도 소개해 주셨다.

당시 한국에서는 종교계와 일반 사회에서 기아선상에 고통받고 있는 북한 동포를 살리기 위한 여러 가지 운동이 일어나고 있었다. 특별히 KBS 사장, 대한 적십자사 사무총장과 국회의원을 역임한 서영훈 선생님, 한국 대학생선교회(KCCC, Korea Campus Crusade for Christ) 창설자이자 총재인 김준곤 목사님을 비롯해 이윤구 박사, 손봉호 교수, 조요한 전 숭실대 총장, 이한빈 전 총리 등이 중심이 되어 1996년 6월에 '우리민족서로돕기운동'이라는 비영리 단체를 조직했다. 처음에 이들은 "5천 원이면 북한 주민 한 명이 한 달을 살아갈 수 있습니다"라는 구호로 북한 동포를 돕기 위해 옥수수 등 식량을 지원했다. 한국에서 이러한 활동이 뉴스를 통하여 세상에 알려지면서, LA 지역을 비롯해 미주 전역에서 구체적인 움직임이 시작됐다.

나는 북한 동포 돕기 운동을 좀 더 확대하고 활성화시키기 위해 1997년 2월 초, 워싱턴 지역의 덕망 있고 존경받는 목사님들과 평신도 리더들을 초청했다. 우리는 그동안 기도하며 준비한 북한 동포를 돕기 위한 구체적인 절차와 조직을 설명하면서 동참을 호소했고, 그들 모두 적극적으로 동의해 주었다. 그리고 이 운동을 워싱턴 D.C.를 중심으로 한 수도권 지역뿐 아니라, 볼티모어 지역까지 확장하고, 단체의 이름을 "Korean American Sharing Movement, Inc. KASM" (우리민족서로돕기운동 워싱턴-볼티모어 지역본부)이라고 했다.

돈과 같은 물질을 다루는 조직에서는 무엇보다도 존경받고 신뢰받는 인사, 존경받는 목사님들의 참여가 필수적이었기에, 15명 정도를 공동 대표로 위촉하여 이 운동을 시작했다. 집행위원회는 상임대표를 포함하여 20여 명 정도로 구성했고, 상임 대표로는 그동안 이 일을 준비해 온 내가 추천됐다. 그리고 공신력 있는 기관으로 인정받고 실행하기 위해 연방 정부와 주정부에 비영리 단체로 등록했다.

놀랍게도 연약한 자들이 주님의 일을 시작했을 때, 하나님께서는 지경을 넓혀 주셨다. 하나님은 북한 공산당을 그토록 미워했던 속좁은 나를 사용하시어, 준비된 많은 사람들을 만나게 하셨고, 수많은 사람들의 기도와 헌신으로 1997년 3.1절에 창립대회를 갖게 하셨다. KASM은 한국의 '우리민족서로돕기' 재단과 연계했고, '우리민족서로돕기' 서영훈 상임 공동대표를 비롯해 33명의 공동 대표 명의로, 나에게 '워싱턴 지부 공동대표' 위촉장이 전달됐다. KASM 사무실은 메릴랜드(Maryland)주 실버스프링(Silver Spring)에 있는 워싱턴 지역 한미봉사센터 안에 두었고, 사무실 실무를 담당할 사무총장은 당시 유학을 위해 미국에 온 젊은 형제와 교회의 한 자매가 자원봉사자로 도왔다.

우리는 최우선 사업으로 모금 활동을 통하여 기아선상에 있는 북한 동포들에게 긴급 구호품을 보내는 일을 적극적으로 하기로 했다. 특히 어린이들과 노약자들, 임산부 등에게 필요한 구호품으로 식량과 약품, 의류 품 등을 우선적으로 지원하기로 했다.

아래 글은 당시 KASM 창립 당일 상임 대표를 맡은 나의 인사말을 요약한 내용이다.

나눔과 화해 그리고 평화

"내 형제들아 만일 사람이 믿음이 있노라 하고 행함이 없으면 무슨 유익이 있으리요 그 믿음이 능히 자기를 구원하겠느냐 만일 형제나 자매가 헐벗고 일용할 양식이 없는데 너희 중에 누구든지 그에게 이르되 평안히 가라, 덥게 하라, 배부르게 하라 하며 그 몸에 쓸 것을 주지 아니하면 무슨 유익이 있으리요 이와 같이 행함이 없는 믿음은 그 자체가 죽은 것이라" _약 2:14-17

여기서 믿음을 소유한 신자의 합당한 신앙생활로서 형제애 대한 실천적인 사랑을 말씀하고 있습니다. 입으로 만이 아닌 행위로서 사랑의 실천을 강조한 것입니다. 기독교를 흔히 사랑의 종교라고 합니다. 사랑이라는 말이 말로써 그리고 추상적인 의미로써 만 존재한다면, 우리는 사랑의 위대함을 알 수 없을 것입니다. 예수님이 몸소 십자가에서 실천한 사랑의 구체적인 사실이 없었더라면, 우리는 하나님의 구원의 역사를 체험할 수 없었을 것입니다. 사랑은 개념보다 크고, 작은 사랑의 실천은 더욱 위대하다고 생각합니다. 그리고 이해관계 속에서 얽히고 설킨 이 세상에 화해와 평화는 없을 것입니다. 듣기만 해도 포근하고 평안한 화해와 평화는 우리가 사랑을 실천하지 않을 때, 하나님의 말씀을 행하지 않을 때, 폭력과 갈등 미움과 증오로 바뀌고 말 것입니다.

세상 도처에 갈등과 분쟁, 재난과 기근 등 고통받는 이들이 너무도 많이 있습니다. 특히 우리의 동족인 북한 땅에는 지난 2년간 큰 홍수로 기근과 질병으로 죽어가는 수많은 어린이들과 우리 동족들이 있습니다. 이러한 때에 그들을 위한 무조건적인 사랑의 실천은 남북간의 막힌 담을 헐고. 신뢰를 회복하고 화해와 평화의 장이 열리는 원동력이 될 것을 확신합니다. "네 원수가 주리거든 먹이고 목마르거든 마시게 하라"(롬 12:20상)는 말씀을 묵상할 때, 저는 하나님의 은혜로 구원받은 자로 축복을 누리고 살면서도, 삶의 현장에서 주님의 말씀에 순종하고 사랑의 실천에 너무도 인색했던 자신을 발견하고 부끄러워하게 되었습니다. 나는 연약하지만 "너희 안에서 착한 일을 시작하신 이가 그리스도 예수의 날까지 이루실 줄을 우리는 확신 하노라"(빌 1:6)는 말씀을 붙들고 다시 일어섭시다. 마지막으로 성 프랜시스의 "평화의 기도"가 나와 우리 모두의 기도가 되기를 바라며 마무리하고자 합니다.

미움이 있는 곳에 사랑을　　상처가 있는 곳에 용서를

분열이 있는 곳에 일치를 　의혹이 있는 곳에 믿음을 심게 하소서
오류가 있는 곳에 진리를 　절망이 있는 곳에 희망을
어둠이 있는 곳에 광명을 　슬픔이 있는 곳에 기쁨을 심게 하소서
위로 받기 보다는 위로하며 이해 받기 보다는 이해하며
사랑 받기 보다는 사랑하며
자기를 온전히 줌으로써 영생을 얻기 때문이니
주여 나를 평화의 도구로 써 주소서

모금 활동

KASM 집행위원회는 북한 동포 돕기를 위한 모금 활동을 계획했다. 신문과 방송 매체를 통해 모금을 안내하고, 직접 교회들을 방문하여 북한 동포들의 어려운 상황을 알리며 본격적인 모금에 나섰다. 이민자들의 삶이 무척이나 힘듦을 잘 알고 있었기에, 얼마나 많은 물질들이 채워질까 반신반의하기도 했지만, 예수 그리스도의 사랑은 우리의 환경과 기대를 뛰어넘었다. 뿐만 아니라, 내 동포, 내 민족에 대한 동질성이 우리의 밑바탕에 깔려 있었기에, 예수님을 모르는 많은 사람들도 함께 동참했다. 참으로 놀랄 만큼 많은 사람들이 동참했고, 기대 이상으로 많은 것을 채워 주었다. 이 일을 준비하는 집행위원회 위원들도 점심이나 저녁을 자비로 해결하여, 모금액 전액이 모금 목적에 사용되도록 노력했다.

당시 북한에는 6세 이하 260만 명의 어린이, 50만 명의 임산부, 150만 명의 노인과 장애인들이 있다고 보고됐다. 우리는 이들을 위해 기도하면서, 모금한 물질이 어떻게 전달되는지 투명하게 설명하고, KASM 관계자가 직접 참여하여 관찰하도록 최선을 다하기로 했다. 하나님의 은혜로 한 달 만에 10만 달러 정도를 모금해서 우선 북한에 전달했다. 당시 스티브 린튼(Stephen W. Linton) 박사가 운영하는 유진 벨 재단(Eugene Bell Foundation)이 북한의 결핵 퇴치 운동을 위해 약품과 의료기기를 전달하고 있어서, 그들을 통하여 식량을 전달했다. 1차로 4월 10일, 중국 단동에서 옥수수 625톤(10만 6천 달러)을 사서, 화물열차(기차 10량분)로 평안남도, 평안북도, 황해도 지역에 전달했고, 5월 2일에 북한 주민들에게 분배했다.

2차 모금과 전달은 한 달 후인 5월 중순에 하기로 계획했다. 이를 위해 4월 30일, 지구촌 교회에서 옥수수 죽 만찬대회를 열었다. 1차로 전달한 식량에 대한 보고와 2차 전달 계획, 그리고 모금을 위한 대회를 가졌다. 옥수수 죽으로 연명하는 2,300만 북한 동포들의 아픔에 동참한다는 뜻으로 옥수수 죽을 함께 먹으며 기도했다. 당시 송영선 목사님이 시무하는 빌립보 교회에서 7만 8천 달러, 이호영 목사님이 시무하는 벧엘 교회에서 2만 2천 달러를 포함하여 총 10만 5천7백 달러가 모금됐다. 특별히 감사한 것은 평양에서 출생하고 평양 외국인 학교를 졸업한 '매리 래스트'라는 미국 여성 한 분이 친구들과 함께 모은 성금을 전달하기도 했다. 5월 18일에는 1차 때보다 더 많은 양의 옥수수를 2차로 보냈고, 6월 초에 평안북도의 주민들에게 배분했다. 그 양은 약 30만 명 이상이 10일간 먹을 수 있는 엄청난 양이었다.

2차로 보낼 때는 5만 달러 상당의 결핵 약품과 종합 비타민 10만 정 등을 구입하여 유진 벨 재단을 통하여 병원과 결핵 환자 요양소 등에 전달했다. 유엔 기구의 하나인 FAO(Food and Agriculture Organization of the United Nations)를 통하여 1만 달러 상당의 비료와 농촌에 필요한 2만 달러 상당의 그린하우스 백 동을 지원했다. 창립 4개월 만에 34만 달러를 모금하게 된 북한 동포 돕기 운동은 미주 다른 지역에 도전과 모범이 됐다.

3차 구호품 전달도 10만 달러 상당의 옥수수를 구입하여 전달했다. 식량으로 주로 옥수수를 전달한 것은, 쌀을 전달할 경우 주로 군인들에게 전달될 가능성이 있다고 보았기 때문이다. 옥수수는 영양가치가 많고 밥, 국수나 빵으로 다양하게 활용할 수 있어 주민들이 가장 선호하는 식량이었다.

모금 활동은 계속해서 다양하게 진행됐다. 초청 강사들을 통한 강연회는 좋은 반응을 일으켰다. 예를 들어, 북한 동포 지원에 적극적이며 북한 방문 경험이 있는 토니 홀(Tony Hall) 하원의원의 강연, 해외동포들의 역할에 관심이 많은 이광규 교수의 '북한 동포 돕기와 미주동포의 역할'에 대한 강연, 김순권 옥수수 박사, 이만열 교수와 안병욱 교수 등의 강연이 있었다. 음악과 무용 활동을 통한, 피바디 음대생들의 사랑의 음악회, 워싱턴 솔로이스트 앙상블의 음악회, 양희은의 해바라기 음악회, 워싱턴 한국무용단 무용 발표회, 영적 부흥과 북한 동포 돕기 모금을 위한 한국 예수전도단의 '부흥과 통일 콘서트' 등을 통하여 이 지역 교포들의 마음이 모아지면서 북한 동포 돕기 모금 운동은 힘차게 전개됐다.

11.
첫 북한 방문

구호품 배분과정 점검 차 방북

제3차 지원 때, KASM의 상임 대표인 내가 북한을 직접 방문했다. 스티브 린튼 박사의 주선으로 북한 당국의 허락을 받아, 시카고 빌리 그래함 박사 단체에 소속된 미국인 의사 두 명과 은퇴한 선교사 부부, 그리고 나를 포함해 모두 6명이 1997년 8월 16일부터 8월 31일까지 북한을 방문했다. 이때가 나의 첫 북한 방문이었다.

북한을 방문할 때는 성경책은 물론 종교적인 물품들은 가져갈 수 없었고, 기독교인임을 숨기는 경우도 많았다. 하지만 나는 의도적으로 이력서에 기독교인임을 적어 놓았다. 교회와 기독실업인회 등에서 활동한다는 것을 강조하여 그들로 하여금 내가 기독교인임을 미리 알려주었다. 솔직히 간접적으로나마 우리들이 전하는 사랑이 예수님의 사랑임을 드러내고 싶었다.

우리 일행은 베이징을 거쳐 평양 공항에 도착했다. 나는 긴장된 마음으로 북한 안내원의 안내를 받으며 이동했다. 당시, 북한을 방문하면 공항에서 꽃을 사서 먼저 김일성 동상에 참배하고 호텔로 가는 것이 관례였지만, 우리 일행은 곧바로 고려 호텔로 갔다. 호텔로 가는 길에 보았던 길거리 북한 사람들의 모습에서는 우리의 기대와는 달리 궁핍함을 찾아볼 수 없었다. 호텔은 화려하지는 않았지만 깨끗하게 정돈되어 있었는데, 이 호텔은 주로 외국 손님들만 사용할 수 있었다.

첫 일정으로 북한의 '큰물피해대책위원회 위원장'을 비롯한 관계자들의 초청으로 저녁 식사를 했다. 그때 북한 대표가 "여러분들은 식사하기 전에 하는 행사가 있는 것으로 아는데"라고 말하며 나에게 기도를 부탁했다. 처음에는 이것을 빌미로 우리를 협박하려 하는 것이 아닌가 의심하며 당황하기도 했다. 하지만 그들의 의도가 어찌되었든 북한 땅에서 북한 공산당원들 앞에서 공개적으로 기도하며 하나님의 이름을 드러낼 수 있는 것에 감사하며 담대히 기도하고 예수님 이름을 선포했다.

그들이 제공한 저녁 식사는, 지금 식량난으로 고통받는 중이라고는 생각되지 않을 만큼, 쌀밥에 진수성찬이었다. 하긴 그들은 자기 나라가 세상에서 제일 살기 좋은 나라라고 스스로 주장하는 사람들이었다. 모든 것을 북한의 지도자 은혜로 생각하며 사는 사람들이다. 실제로 북한 사람들은 당시 이미 세상을 떠난 김일성 수령을 신처럼 경외하고, 새 지도자 김정일 장군도 최고 지도자로 경외하며 존경하고 있었다.

저녁 식사 후, 우리는 홍수 피해 지역들과 피해 상황에 대한 보고를 들었다. 그들은 우리가 지원한 옥수수와 약품 등이 크게 도움이 된다고 하면서 고마움을 표시했다. 특별히 우리민족서로돕기 운동 워싱턴-볼티모어 지역 본부의 활동과 지원에 감사의 인사를 했다. 나는 우리가 보내는 지원 물품은 미국 워싱턴 수도권 지역에 사는 2천 명 이상의 우리 동포들이 수해로 어려움을 당하고 있는 북한 동포들을 사랑하는 마음으로 정성껏 모은 것임을 강조하며 말했다. 그들은 미국에 우리 동포들이 그렇게 많이 살고 있는 것에 놀라워했다.

그들이 우리 일행을 안내하고자 하는 지역은, 홍수로 인해 큰 피해를 본 평안남북도뿐만 아니라, 큰 가뭄이 들어 고통받는 황해도 지역(황주, 사리원)도 있었다. 나는 동해안에 있는 강원도 원산 지역도 방문할 수 있도록 요청했으나 그들은 길이 나쁘고 교통이 너무 불편하여 외국인 방문이 안 된다고 했다. 북한은 허락된 지역과 허락된 시간에만 외국인들에게 보여준다. 그래서 북한 국민들의 실상은 보기 힘든 것이 사실이다.

다음 날, 우리가 옥수수를 보냈던 평안북도의 '선천', '정주', '박천', '안주' 등 지역의 식량 배분 과정을 보기 위해 아침 일찍 선천을 향해 출발했다. 그런데 가는 도중에 홍수로 인해 강 다리가 끊어져 있었다. 북한 안내원들은 몹시 당황했고, 다른 길로 돌아가야만 했다. 그로 인해 그들이 외국인들에게는 보이고 싶지 않은 열악한 북한 주민들의 환경을 볼 수 있었다. 본래 그들의 계획은 안주에 있는 호텔에서 미리 점심 식사를 예약했지만, 시간이 지체되어 그대로 선천으로 갔다. 점심때가 지나 선천에 도착하여 옥수수 삶은 것을 구하여 끼니를 대충 때우고, 식량 배분 현장을 방문했다. 동네의 각 창고마다 옥수수와 밀가루 포대들이 쌓여 있었다. 우리가 보낸 흰색 옥수수와 밀가루 포대에는 다음과 같이 쓰여 있었다.

화해(HWA HAE)

Korean American Sharing Movement

옥수수 포대에는 몇 글자 되지 않지만, 한 글자 한 글자 신중을 기해 기도하는 심정으로 결정된 글자가 적혀 있었다. 원래 북한에서는 밀가루 포대에 아무런 글자가 없는 흰 포대에 담아 줄 것을 요청했다. 왜냐하면 옥수수와 밀가루가 자신들의 지도자가 보낸 것이라고 홍보할 수도 있기 때문이다. 하지만 우리는 그런 방식으로 계속 지원할 수 없다고 강력하게 항의하여 포대에 글씨를 쓸 수 있었던 것이다.

북한 주민들은 이미 우리를 기다리고 있었고, 줄을 서서 장부에서 이름을 확인받고 옥수수를 받아갔다. 나는 그들에게 "미국에 사는 우리 동포들이 여러분을 사랑하는 마음으로 돈을 모아 보내온 것"이라고 가는 곳마다 여러 번 반복해서 설명했다. 이렇게 선천과 정주, 박천을 거쳐 구호품 분배 과정을 확인하고, 안주에 있는 한 호텔에서 하룻밤을 자고 평양으로 돌아왔다. 나는 평양 고려 호텔에서 아침에 일찍 일어나 혼자 평양 거리를 걸어서 돌아보고, 호텔 옆에 있는 평양 기차역 광장의 한구석에 앉아서 주위 북한 사람들을 보며 눈을 뜬 채로 기도하는 시간을 가졌다. 그런데 30여 분간의 산책을 하고 호텔로 돌아오자, 북한 안내 위원이 절대로 혼자 나가면 안 된다고 나에게 주의를 주었다.

다음에 우리가 안내받은 곳은 스티브 린튼 박사가 지원하고 있는 폐결핵 환자들이 수용되어 있는 요양소 몇 곳과 병원이었다. 린튼 박사는 우리가 지원한 약품과 비타민 등을 그들에게 전달하며 미주에 있는 동포들이 지원한 것이라고 설명했다. 요양소 안으로 안내를 받아 환자들을 만나볼 기회가 있었는데, 나는 그들을 볼 때마다 눈을 뜬 채로 기도했다. 요양소는 일반 거주지와는 많이 떨어져 있었는데, 의학에 문외한인 내가 보기에도 의료기기나 시설 등이 너무나 낡고 빈약해 보였다.

주일 예배 참석과 평양 시내 관광

우리 일행은 북한 종교인 연합회 중앙위원회 장재철 위원장을 비롯한 임원들을 만났다. 장 위원장은 평양에 봉수 교회와 칠골 교회 두 곳과 천주교 성당인 장충성당이 있고 지방에 사찰들이 있어 북한에서도 주민들의 종교 생활을 자유롭게 하고 있다고 말했다. 그리고 앞으로 자신들의 단체를 통하여 구호품을 보내게 되면, 자기들이 직접 안내할 수 있다고 했다. 그는 자신이 천주교인이라고 하며 장충성당을 안내했다. 그리고 주일 날 우리 일행은 조선그리스도교연맹 소속의 평양 봉수 교회에서 예배를 드렸다. 봉수 교회는 1988년에 북한에도 종교의 자유가 있다는 것을 알리기 위해 평양 대동강 변에 세워진 교회다. 당시 해외 기독교 단체에서 보내온 헌금으로 450석 규모의 예배당을 건축했다.

북한은 외부에 종교의 자유가 있다고 선전하지만, 실상은 전혀 그렇지 않다. 특히 종교의 자유와 함께, 믿지 않을 자유도 강조하여 절대로 전도 혹은 포교를 해서는 안 됐다. 어떤 분들은 북한에도 지하 교회 교인들이 많이 있다고 하지만, 그것을 확인할 방법은 없었다. 여하튼 우리는 북한의 실상을 이미 알고 있었기에, 북한의 수도 평양에서 예배를 드리고 있다는 것만으로도 감격하고 감사했다.

나는 속히 남북의 형제자매들이 자유롭게 함께 어울려 찬양하며 예배드리는 날이 오기를 간절히 기도하면서 뜻깊은 예배를 드렸다. 조선그리스도교연맹 위원장을 비롯한 교회 담임 목사와 성도들의 환영을 받으며 기념사진도 촬영했다. 현재는 2007년에 남한의 장로교회(통합측)의 지원을 받아 예배당을 현대식 대리석 건물로 깨끗하게 단장했다.

우리 일행은 북한 외교부 소속의 과장급 한 사람과 젊은 청년 한 명의 안내를 받았다. 일반적으로는 한국계 미국인은 시민권이 있어도 해외 동포로 취급하여 해외동포위원회에서 안내하게 되어 있는

데, 나는 미국인들과 같이 방문했기에 미국인처럼 대우를 받았다. 하루는 평양 시내에 성역화 되어 있는 김일성 생가 일대와 주체 사상탑과 지하철 등 관광 일정을 소화했다. 그리고 첫날 일정을 의논할 때 원산 지역 방문 요청을 했던 사실을 상기시키면서, 만일 원산 지역을 방문할 수 없다면, 예정대로 내일 떠나겠다고 다시 한번 요청했다. 그들은 관계자들과 다시 의논한 후, 우리들의 원산 지역 방문을 허락했고, 그로 인해 우리는 출국 일자를 며칠 연장했다.

원산 지역 방문

원산 지역 방문 일정은 원산에서 하룻밤을 자고 거기서 멀지 않은 금강산까지 돌아보는 일정이었다. 하지만 원산으로 가는 도로 사정은 매우 나빴다. 오래된 도로는 보수도 잘 하지 않아 도로 표면이 울퉁불퉁 파인 곳이 많아서 속도를 내지 못하고 천천히 운전해야만 했다. 원산까지 가는 데는 20개 이상의 터널들을 통과해야만 했는데, 북한에서 가장 긴 터널인 마식령의 '무지개' 터널에서 문제가 생겼다. 현재 이 터널 입구 근처에는 마식령 스키장이 개발되어 있다. 무지개 터널의 길이는 약 4km로, 자동차로 10분 정도 걸리는 북한에서 가장 긴 터널이라고 한다. 당시에는 홍수로 인해 파손된 터널 내부를 군인을 동원하여 공사를 하고 있었다. 만약 터널을 거치지 않고 산길을 따라 넘어 가게 되면 2~3시간 더 소요되는 상황이었다. 그런데 우회 도로는 더욱 상태가 안 좋아 매우 위험하여, 반드시 이 무지개 터널을 통과해야만 했다. 북한의 도로는 막히면 고립되기 일쑤였다. 아마도 북한 주민들이 이동의 자유가 없다 보니, 도로가 발전하지 못한 듯했다.

우리를 인솔하는 북한 책임자는 공사 감독 책임자인 한 군인을 만나서, 우리 일행들은 특별히 외국 사람이고 조국(북한)의 수해로 어려움에 처한 동포들을 돕기 위해 온 분들이니 특별히 통과할 수 있도록 도와 달라고 요청했다. 그는 차량이 지나갈 수 있도록 도로를 정리하는 데 많은 시간이 필요하다며 기다려 달라고 요청했다. 우리 일행은 터널 밖에 차를 세우고 길가에서 한없이 기다렸다. 북한 안내원들은 이런 상황을 미리 예측이라도 한 듯, 호텔에서 준비해 온 도시락으로 점심을 대신했다. 아마도 며칠 전 평안북도 마을 방문 때, 다리가 끊겨 늦게 끼니를 때웠던 일이 있었기에 도시락을 준비한 듯했다.

지루하게 긴 시간이 지나 거의 저녁때가 되어서야 터널을 통과할 수 있었다. 터널 안은 어둡고 공사 차량과 도구들이 널브러져 있었다. 터널 내부의 공기는 너무 나빠 숨 막혀 죽을 정도로 답답했다. 모든 창문을 닫았는데도 숨 쉬기가 어려울 지경이었다. 참으로 끝이 안 보이는 암흑의 터널이었다. 그곳에서 일하는 어린 군인들의 삶도 이러하리라 생각했다. 언젠가 이 터널의 끝은 보이겠지만, 그들의 삶의 어려움의 긴 터널은 끝을 알 수 없어 안타까웠다.

결국 시간이 많이 지체되어, 우리 일행은 컴컴한 어둠 속의 원산을 맞이해야 했다. 시내에는 전기불이 하나도 없었고, 호텔에 엘리베이터는 있었지만, 작동시킬 전기가 없어 각자 가방을 들고 누군가가 준비한 손전등을 비추며 5층 방으로 들어갔다. 저녁 식사는 호텔 앞에 있는 한 식당에 준비되어 있었다. 식당으로 들어가니 테이블마다 촛불이 켜져 있었다. 촛불은 식당을 밝히기보다는 테이블 위에 놓인 음식들을 밝힌 듯 보였다. 그래도 허기진 배를 채울 수 있어서 너무나 감사했다. 우리가 먹는 음식은 북한 주민들에게는 산해진미였기에 감사하며 식사를 했다. 참으로 그들이 원산 지역 안내를 주저했던 이유를 알 만했다.

잃어버린 고향의 흔적과 고통스러운 현실

우리가 묵었던 호텔은 동해의 아름다운 바닷가 해변에 위치한 일제 시대에 건축된 호텔이라고 했다. 마침 일행 중에 어려서 원산에서 자랐고, 원산의 '루씨여학교(樓氏女學校)'에서 공부한 선교사 부인이 있었다. 그 부인이 루씨여학교를 가보고 싶다고 부탁을 하여 다음 날 가기로 했다. 그 학교는 1903년, 미국 감리교 계열의 선교사 루씨 커닝김(Lucy A. Cuninggim)에 의해 세워진 근대 한국 여성 교육기관이었다.

다음 날 아침 일찍이 나는 바닷가를 산책하려고 호텔에서 나왔더니 젊은 안내원이 보고 따라왔다. 우리는 바다 가운데 있는 섬까지 산보하며 대화를 나누었다. 그 청년은 외국 사람을 대하는 것이 처음이었기에, 말과 행동을 무척이나 조심스러워했다. 청년은 외국어

대학에서 영어를 배우고 외무성에서 근무하는 중이었다.

호텔에서 준비한 빵과 계란 요리 등으로 간단히 아침 식사를 하고, 원산 시내에서 가장 피해가 심한 지역들을 둘러보았다. 그곳에는 수해를 당한 사람들이 큰 천막 속에서 살고 있었다. 그동안 둘러보았던 지역들 중에서 가장 참혹한 상황이었다. 이러한 풍경을 글로 표현하기 매우 힘든데, 한마디로 지옥이 따로 없다는 생각이 들 정도였다. 참으로 너무나 마음이 아팠다. 그리고 우리 일행은 루씨여학교가 있던 곳을 찾아갔다. 학교 이름을 개명한 지 오래되어 해당 학교를 찾는 데 어려움이 많았다. 나이 많은 분들 중에 옛날에 그런 학교가 있었다는 사람은 있긴 했지만, 지금은 아는 사람을 찾기 힘들었다. 학교를 찾아 원산의 이곳저곳을 둘러보다 보니, 외국인에게는 보이기 싫은 지역들이 노출됐다. 그래서 안내 책임자는 운전사에게 야단을 치기도 했다. 결국 어렵게 학교를 찾았다. 그러나 선교사의 부인은 산 중턱에 있던 옛 모습은 어렴풋이 남아 있지만, 너무나 많이 변해버렸다고 했다. 우리는 학교 안으로는 들어가지 못했고, 사진 촬영도 허락받지 못했다.

원산 거리에는 힘없이 누워 있는 사람들을 쉽게 볼 수 있었고, 아파트나 가정집들은 모두 폐허처럼 보였다. 거리의 사람들은 남루한 옷차림에 힘없이 걷는 모습이었다. 그들의 얼굴에는 어떠한 희망조차 보이지 않았다. 분명 이런 지역에서는 굶어 죽는 사람이 발생했다고 말해도 의심할 여지가 없어 보였다. 나는 속으로 울면서 원산 시내를 돌아보게 됐다. 이들을 돕고 싶은데, 너무나 많은 장애물들로 인해 그럴 수 없었다. 터널은 막혔고, 항구는 전혀 접근할 수 없었다. 다만 하늘 길만이 열려 있었다.

금강산 방문과 다시 한번 새겨진 사명

이런 울적한 분위기 속에서 금강산으로 관광을 간다는 것이 내키지 않았지만, 그들이 자랑하고 싶은 곳이기에 금강산을 방문했다. 한반도 제일의 명산 금강산은 웅장했지만, 우리 일행뿐이었다. 다른 관광객들은 전혀 보이지 않았다. 그런데 우리 일행을 따라다니는 한 자매가 있었다. 그는 음료수와 구운 오징어를 들고 따라왔다. 처음에는 알아채지 못했지만, 그 자매는 우리에게 그것을 팔기 위해 계속 따라온 것이었다. 그녀에게는 그것이 그날 맡겨진 외화벌이 과업이었다. 그래서 우리는 그녀가 가지고 있는 음료수와 물건을 모두 사고, 음료수를 제외한 다른 물건들은 그녀에게 다시 주었다. 그 소녀는 무척 고마워했다. 물론 그 음식들이 배고픈 사람들에게 돌아갈지, 아니면 관리자에게 되돌아갈지 알 수 없었지만, 그저 마음속으로 배고픈 사람들이 먹기만을 바랐다.

당시 금강산은 북한 정부에서 모범 노동자로 선발돼야 갈 수 있는 곳이라고 했다. 우리를 안내한 젊은 청년은 나와 함께 제일 높은 봉우리까지 올라갔다. 마지막 봉우리는 사다리를 타고 올라가야 하는데, 다른 일행은 일찍이 포기했다. 그런데 그 청년은 나에게 조용히 고맙다고 했다. 왜냐하면 내가 올라가지 않았으면, 모처럼의 기회인데 자기도 다 구경하지 못하고 내려갈 뻔했기 때문이었다. 우리는 금강산을 방문하고 다음 날 평양으로 돌아왔다.

본래 원산 지역은 산과 바다가 어우러져 아름다운 지역이다. 그러나 당시 원산 지역 방문은 나에게 너무나 큰 충격이었다. 재수가 없어서 북한에 태어났고, 더욱 재수가 없어서 지옥 같은 원산에서 태어난 그들을 그저 운명 탓이라고 말할 수 있을까? 지금도 많은 사람들은 이들의 고통을 기억하지 못하고, 풍요 속에서 더 풍요롭지 못함을 불평하고 있다. 우리가 아니면 이들을 도울 수 없다. 우리 동족이요 기독교인인 우리가 이들을 돕는 데 앞장서야 할 것이다. 예수님은 운명론에 빠진 사마리아 여인을 위해 사마리아를 지나가셨다. 예수님은 같은 민족 유대인들에게 손가락질을 당할 수도 있는데 사마리아 여인을 위해 나선 것이다.

"그러므로 사람이 선을 행할 줄 알고도 행하지 아니하면 죄니라" _ **약 4:17**

나는 집으로 돌아오는 비행기 안에서, 더욱 북한 동포들을 위해 기도하게 됐다. 우리가 당연하게 누리는 일이 누군가에게는 특별하고도 엄청난 축복이 될 수 있음을 깨닫고, 힘닿는 대로 북한 동포를 돕는 일을 주님이 맡겨주신 특별한 사명으로 알고 더욱 기도하게 됐다.

연합하는 북한 돕기 사역

북한돕기단체(North Korea Working Group: NKWG)는 미국 내에서 북한 동포를 돕는 10여 개의 NGO로 구성된 모임이다. 남침례교단과 협력하는 아미고스 인터내셔널(Amigos International), 우리에게 잘 알려진 월드비전(World Vision), 머시콥 인터내셔널(Mercy Corps International) 등이 NKWG에 소속됐다. KASM은 다른 단체에 비해 역사가 짧고 규모도 작았지만 NKWG에 참여하게 됐다. 이 모임은 미국 정부와 유엔 산하 국제기구인 세계식량계획(WFP), 식량농업기구(FAO), 유니세프(UNICEF), 세계보건기구(WHO)와도 긴밀하게 관계를 맺고 정보를 교환했다. 한 달에 한 번 정도 정기적으로 모여 북한 지원에 대한 정보와 의견을 나누고 협력했다.

한번은 미국 정부의 북한 식량난 해결 방안 중 하나로 약 5천 톤의 씨감자(Potato Project)를 지원하는 프로젝트가 있었다. NKWG 회원 단체 중 5개의 NGO가 참여했고, 감사하게도 KASM도 함께 했다. 하지만 이 프로젝트는 성공적으로 진행되지 못했다. 북한은 산에 나무가 매우 적어 비만 오면 홍수 피해가 컸다. 씨감자는 주로 산비탈의 개간지에 심기 때문에, 조금만 비가 와도 씨감자가 씻겨 내려갔다. 또한 당장 먹을 식량이 부족하여 감자가 다 자라기도 전에 캐 먹어 성과를 얻지 못했다.

KASM은 북한 어린이들을 돕기 위한 물자를 유니세프(UNICEF)를 통해 보냈고, 농업용 비닐하우스와 결핵 약품, 비타민 등을 지원했다. KASM은 규모는 작았지만, 월드비전(World Vision), 아미고스 인터내셔널(Amigos International) 등 다양한 NGO 기관과 협력하며 사역했다. 미국 내에서 워싱턴 D.C. 지역은 LA나 뉴욕보다 한인 인구도 적고 사업하는 분들이 많지 않았다. 하지만 정부 기관이나 기업체에서 일하는 분들이 많은 지역적 특성을 지녔다. 이러한 지역적 특징 덕분에 많은 NGO 단체들과 효과적으로 협력할 수 있었다. 이러한 수고와 봉사로 KASM은 메릴랜드 주지사로부터 표창장을 받기도 했다.

나는 KASM 사역을 통해 직접 북한을 방문했다. 고난 중에 있는 우리 동포들을 직접 만난 것이다. 그들도 우리와 똑같은 모습과 같은 언어를 사용하는 우리 민족이었다. 하지만 그들은 굶주림에 고통받고 있었다. 무엇보다도 그들이 복음을 들을 수 없다는 것이 너무나 가슴이 아팠다. 나와 아내는 자기 민족의 구원을 위해 쓰임 받은 인물, 느헤미야(느 1:1-11)와 바울(롬 9:1-3)을 묵상하며 기도했다. 굶주림 문제는 우리 민족과 국제 사회의 도움으로 언젠가는 해결될 것이라고 생각했다. 하지만 그들의 영혼 구원 문제는 너무나 묘연했다. 이번 방문을 통해 나와 아내는 이들을 위해 복음에 빚진 자의 심정으로 계속 기도하며 주님의 인도하심을 받기로 결심했다.

12.
비전트립을 위한 중국 방문

백두산 땅 밟기 프로젝트

우리 민족의 명산 백두산을 방문했다. 현재 백두산 천지의 절반 이상은 중국이 지배하고 있고, 나머지 5분의 2는 북한 영토다. 2024년 중국이 먼저 백두산을 유네스코 세계지질공원에 등재했고, 2025년에는 북한이 등재했다. 중국도 처음에는 백두산이라고 불렀지만, 90년대 말에 동북공정의 일환으로 백두산을 장백산이라고 개명했다. 그래서 중국에서는 백두산이라는 이름은 금기시된다. 그런데 아직까지 백두산 천지를 보려면 중국을 통해서만 갈 수 있어 너무나 아쉽다. 매년 여름이면 중국 쪽 백두산에는 발 디딜 틈 없이 수많은 사람이 방문한다. 하지만 북한과 중국의 백두산 경계선에는 밧줄만 있을 뿐, 북한 쪽 백두산에는 사람들을 거의 찾아볼 수 없다. 몇 명의 북한 군인을 제외하고는 말이다.

1990년 7월, '백두산 관광단'이라는 이름으로 한국의 홍정길 목사님과 워싱턴 지구촌교회(당시는 제일한인침례교회) 이동원 목사님을 비롯한 7명의 평신도와 뉴욕과 필라델피아 지역 목사님과 평신도 등 총 16명이 백두산을 방문했다. 1992년 8월, 한중수교를 맺기 전이라 명목상은 관광이었지만, 중국과 북한을 위해 기도하기 위한 '땅 밟기 프로젝트'였다. 우리는 목사님들을 교장선생님이라고 불렀고, 평신도들은 대부분 사업체의 사장이나 사원으로 호칭하며 잠행했다. 지금은 연길까지 비행기 직항이 운행되지만, 당시에는 베이징에서 24시간을 기차를 타고 연길로 가고, 거기서 버스를 타고 5~6시간을 달려가야 했다. 길거리에는 옛날에나 볼 수 있었던 삼륜차가 많이 다녔고, 오토바이 택시도 있었다. 시내버스는 솔직히 큰 드럼통에 바퀴를 부착해 굴러다니는 깡통과 같았다.

우리는 상하이를 거쳐 베이징과 창춘, 연길, 광저우시를 거쳐 돌아왔다. 당시 중국은 개발되지 않은 후진국 모습이었다. 상하이 공항에서 승객들은 비행장 한가운데 내려 걸어서 공항 내부로 들어가 입국 심사를 받아야 했다. 비행장 곳곳에 총을 든 군인들이 지키고 있었고, 가방과 짐은 트럭에 실려 탑승장 밖으로 옮겨졌다. 승객들은 트럭에서 내리는 가방들을 각자 찾아가야 했다. 비행기 탑승권도 펜으로 좌석 번호를 써서 주었고, 심지어 탑승객이 적을 때는 비행시간도 취소되거나 연기되기도 했다.

우리 일행은 상하이에서 한국 임시정부 옛 터와 안중근 의사 의거 현장을 돌아보고 베이징으로 가서 고궁, 이화원(정원, 궁전), 만리장성을 관광했다. 지금이야 상하이와 베이징은 세계적인 도시지만, 당시의 모습은 현대 문명의 혜택을 전혀 받지 않은 옛 모습이었다. 출퇴근 시간에는 거리가 수많은 자전거들로 얽혀 있었다. 마치 자전거를 탄 사람들의 머리가 물결처럼 출렁거리는 검은 파도 같았다. 또한 길거리의 낡은 아파트마다 창가에 널어 놓은 세탁물들은 칙칙한 도시의 색을 가렸다. 걸려 있는 세탁물들도 대부분 무채색이었다.

베이징에서 비행기로 창춘으로 갔다. 창춘은 옛 우리 부여의 수도였고, 지금은 지린성의 성도(成都)이다. 또한 창춘은 중국의 마지막 황제 푸이가 머물렀던 위만 황궁이 있는 곳이다. 위만 황궁은 과거 일본이 만주를 침략하여 괴뢰국 만주국을 세우고 허수아비 황제로 내세운 푸이가 지낸 곳이다. 마지막 황제 푸이를 볼 때면, 이 땅의 권력과 부귀영화의 무상함과 일본 제국주의와 중국 공산주의의 비정함을 느끼게 된다.

연변 지역 방문: 조선족 동포들의 삶과 신앙

우리 일행은 창춘 지역을 돌아보고 연길로 가기 위해 창춘 공항으로 갔다. 그날 아침에는 비가 내려서 공항에서 몇 시간을 대기해야 했다. 기약 없이 기다리다 비가 조금 그치기 시작하니 갑자기 비행기에 탑승하라는 안내가 나왔다. 마치 공항을 탈출이나 하듯이 일행들은 각자의 짐을 가지고 급히 비행기에 탑승했다. 마치 시골 버스가 승객들을 귀찮아해서 그냥 출발할 것 같은 불안감이 밀려왔던 것 같다. 조그마한 비행기의 승객은 외국인인 우리가 전부였기 때문이다.

연길 공항은 마치 한국의 옛날 철도역과 같은 정감마저 들었다. 젊은 시절에 한자를 배워 익숙했지만, 중국의 한자는 간체자(簡體字)를 사용했기에 눈에 익숙하지 않았다. 무엇보다도 중국말 속에서 '연길'이라는 한글 간판이 보였기 때문이다. 마치 나의 대학 시절 읍내 같았다. 연길 시내 상점들의 철판(함석) 혹은 나무 간판에 한글과 중국어가 같이 쓰여 있어서인지, 길거리에 돌아다니는 사람들도 모두 한국말을 하는 것 같았다. 물론 연길에는 많은 조선족들이 살고 있는데, 그들의 말투는 북한 말과 비슷했다. 그들과 대화할 때면 다소 억양이나 표현이 어색했지만 마치 경상도, 전라도처럼 하나의 민족이라는 느낌이 가슴속 깊이 들었다. 이러한 동질감은 우리뿐만 아니라 조선족들도 같이 느끼고 있었다. 만나는 사람들마다 '어디서 왔습네까?' 하면서 따뜻하게 응대해 주었고, 비록 중국의 55개 소수민족들 중 하나지만, 조선 민족이라는 자부심이 대단했다. 그들 중 많은 사람들이 여전히 자식들을 중국 학교에 보내지 않고, 조선족 학교를 보내 조선의 말과 글을 지키려고 노력하고 있으니, 얼마나 대단한가!

우리 일행은 연길 시내에 있는 조선족 교회를 찾아 방문했으나, 이미 예배가 끝난 시간이어서 교회의 관리자 안내를 받아 용정으로 갔다. 용정은 옛 우리 조상들이 거주하던 간도 지역의 수도였고, 일본에 대항한 독립 운동의 중심 지역이다. 이곳에서 윤동주 시인을 비롯하여 많은 애국지사들이 활동하던 곳이다. 우리 일행은 용정 조선족 교회의 저녁 예배에 참석했다. 당시 용정 조선족교회는 의자 없이 방석을 깔고 앉아서 예배를 드렸는데, 그날 저녁은 그 교회의 여자 집사님이 설교를 했다. 그런데 그들이 우리 일행 중에 목사님이 계신 것을 알고 목사님에게 간곡히 설교를 부탁하여, 설교를 한 번 더 듣게 됐다. 예배 후에도 교인들이 돌아가지 않고 함께 기도하는 시간을 갖자고 하여 안수 기도도 하며, 꽤 오랜 시간 교제했다. 솔직히 중국은 사회주의 국가이고 종교의 자유가 없는 나라임에도 불구하고, 그들의 예배는 뜨거웠다. 중국은 종교의 자유와 함께 안 믿을 자유도 있다는 논리를 내세워 전도할 수 없는 나라였다. 하지만 이는 반대로 종교를 가진 사람들은 외부 간섭 없이 종교 활동을 할 수 있다는 의미이기도 했다. 물론 이는 중국의 법 테두리 안에서 가능했다. 후에 들은 이야기지만, 당시에는 중국 변두리 시골에서 일어나는 일까지는 중국 정부가 신경 쓰지 못해서 비교적 자유롭게 종교 생활을 했다고 한다.

이날 우리 일행은 조선족 동포들의 말씀에 대한 갈증과 열정을 느낄 수 있었다. 밤이 늦어서야 우리는 연길 시내의 백산 호텔에 도착해 쉬었다. 백산 호텔은 일제 시대 때 지어진 호텔이었다. 낡은 침대 시트와 담요가 눅눅하고 냄새가 나서 도저히 잠을 이루기 힘들어 호텔에 문의하였더니, 호텔 관리자는 세탁 시설이 낡아 손으로 세탁하고 햇빛에 말리기 때문에 잘 건조되지 않아 그렇다며 양해를 구했다. 솔직히 우리는 다른 대안이 없었기에 축축한 침대에서 하루를 마무리해야 했다.

연변과학기술대학 방문과 미래에 대한 비전

이튿날 연변과학기술대학 김진경 총장의 안내를 받아 과기대 건설 현장을 돌아보고, 앞으로의 계획을 듣는 시간을 가졌다. 김 총장은 나의 대학 동창이다. 그는 이전에 중국 정부로부터 받은 '중외 합작 대학 설립에 대한 허가서'를 들고 미국을 방문하여 협력을 요청한 적이 있다. 현장을 방문해보니, 건설 현장은 공동묘지 자리였는데, 연길시 정부에서 묘지들을 파 유골들을 정리하고 학교 건물을 건축하도록 허락한 곳이었다. 그때 마침 대학의 본관 건물을 건축하기 위해 기초 작업을 하고 콘크리트 기둥을 세우기 위한 철근 작업을 하고 있었다. 보통 한국이나 미국의 건설 현장 작업자들이 대부분 남자들인 반면, 이곳에는 남자, 여자 구분 없이 똑같이 나무 상자로 된 지게를 어깨에 메고 모래와 자갈을 나르고, 길고 가는 철근을 자르고 꺾어서 콘크리트 기둥 속에 넣는 어려운 작업을 하고 있었다. 건설 현장에 기계가 있긴 했지만, 전기 동력을 사용하는 것이 아니라, 모두 인간의 도움으로 작동하고 있었다. 솔직히 나도 교회 건축을 여러 번 해 보았기에 준 전문가라 할 수 있다. 그래서 4층 건물을 제대로 된 기초 공사 없이 벽돌로만 한층 한층 올리는 것이 신뢰가 가지 않았다.

우리 일행은 현장을 돌아보고 김진경 총장의 사무실로 돌아와, 앞으로의 계획과 목표에 대해 자세한 설명을 듣고 토론한 후, 기도하는 시간을 가졌다. 김진경 총장은 나를 별도로 당시 연변과기대의 회계 업무를 담당하고 있는 건설은행으로 안내했다. 조선족 은행 직원을 소개하고 그들이 처리하고 있는 장부를 검토해 달라고 했다. 연변과기대의 회계는 해당 은행 직원이 수기로 출납 장부를 정리하고 있었다. 과장급 남자 직원과 실무 담당 여직원이 가지고 온 장부는 펜으로 기록한 가계부 형태로 수입, 지출 그리고 잔고만 날짜별로 기록한 간단한 장부였다. 당시 중국의 은행과 장부 시스템이 매우 후진적이라는 것을 알게 됐다.

다음 날 우리 일행은 백두산 관광을 위해 버스를 대절했다. 가는 길마다 도로 공사에 수많은 사람들이 동원되어 큰 장비도 없이 삽과 괭이 등을 들고 일하는 모습을 볼 수 있었다. 우리 일행은 중고등학교 책에서나 보던 백두산 정상에 올랐다. 북한 쪽을 바라보며 감격하여 함께 손잡고 홍정길 목사님의 인도로 간절히 기도하는 시간을 가졌다.

이번 백두산과 연변 지역, 특별히 연변과기대의 방문으로 모두 참석자들은 깊은 감동을 받았다. 하나님께서 나에게는 중국과 북한 선교 사역에 대한 큰 비전을 볼 수 있도록 허락해 주셨다.

연길시 재 방문

나는 9년 만에 다시 연길을 방문했다. KASM 사역을 통해 북한에 전달한 식량과 약품 배분 현장을 돌아보면서 내 마음에 예수님의 지상 명령이 꿈틀거리기 시작했다. 내가 목격한 북한의 실상을 생각하면, 지금 내가 이렇게 자유를 만끽하며 따뜻한 밥을 먹는 것에 죄책감마저 들었다. 미국으로 돌아와 계속 KASM 사역을 하면서 하나님께서 인도하시는 사역지를 위해 기도했다. 그리고 동북아시아 지도를 보면서 북한과 가까이 있는 러시아의 블라디보스토크와 중국의 연변 지역을 생각하게 됐다. 블라디보스토크 지역에 관해서는 해외 동포 재단 이사장을 지낸 이광규 교수를 통해 이야기만 들었지 직접 방문한 적은 없었다. 특별히 이 지역에는 미국 한인 교포 의사 부부가 선교사로 사역하다가 북한 벌목공에게 피살된 지역으로 알려져 있었다. 한편, 중국 조선족 자치주의 수도인 연길시는 1990년대 백두산 관광단이라는 이름으로 방문하여 연변과기대 건설 현장을 돌아보고 온 경험이 있었다. 그때부터 9년 후, 1999년 8월에 나는 워싱턴 지구촌교회의 김만풍 담임 목사님을 비롯한 전도 폭발팀 다섯 명과 한국 지구촌교회의 장로님, 집사님들과 같이 연길을 다시 방문했다. 당시에는 연변과기대가 이미 졸업생들을 배출했고 건물도 본관동과 학사동, 식당, 교직원 숙소, 학생 기숙사, 운동장 등이 세워져 있었다. 또한 중국의 정규 4년제 대학으로 허가를 받았고, 캠퍼스도 어느 정도 정리된 상태로 발전되어 있었다. 1990년대 대학 건설 현장을 돌아보았을 때와는 완전히 다른 모습으로 변해 있었다. 당시 나는 용정에 있는 용정농민학교라는 2년제 전문대학도 방문했다. 호주 출신 한 사역자의 소개로 나는 그곳 교수로 와 달라는 초청을 받은 상태였다. 그래서 두 학교를 다 방문하여 상황을 점검하기로 했다. 연변과기대의 김진경 총장은 나와 우리 일행이 방문한 것을 알고, 먼저 우리 일행을 학교로 초청하여 앞으로 함께 사역하자고 강력하게 제안했다. 그러나 용정농민학교 방문 약속이 있기 때문에, 후에 다시 의논하기로 했다.

용정 가는 길은 참으로 정겨운 시골길이었다. 지금은 넓은 도로가 깔려 있지만, 마치 한국의 60년대처럼 소달구지가 함께 지나다니는 비포장도로였다. 용정농민학교를 방문했을 때, 그들은 학교 건물 앞에 우리 일행을 환영하는 현수막을 걸어 놓고 열렬하게 환영했다. 그들은 우리를 회의실로 안내하여 학교를 소개하고, 질문도 받고, 학교 캠퍼스도 안내하여 돌아보게 했다. 학교는 규모도 작고 시설이 매우 열악했으며 외국인 교수도 몇 분 되지 않아 연변과기대와는 비교가 되지 않았다. 나는 북쪽의 동족을 위한 사역을 위해 가장 합당한 방향으로 인도해 주실 것을 기도했다. 우리 일행은 백두산 관광을 하고 연길 시내 시장 등 주변을 돌아봤다. 그리고 김진경 총장에게 전도 폭발 사역을 위해 학생들을 소개해 줄 것을 부탁했다. 김 총장은 졸업반 학생들 중 이미 믿는 학생들 25명을 소개해 주었다. 또한 모임 장소도 조용한 빈 아파트를 하나 구해 모임을 갖도록 도와주었다. 학생들은 이미 예수님을 믿고 있었고, 그들을 복음 전도자로 세우기 위해 전도 폭발 훈련을 진행했다. 우리 일행은 저녁에 학생들을 아파트로 모이게 했는데, 보안 관계로 두세 사람씩 시간 간격을 두고 조용히 모였다. 이들에게 전도 폭발 훈련을 단기 집중 과정으로 실시했다. 김만풍 목사님이 전도 폭발 개요를 설명하고, 워싱턴에서 함께 방문한 팀원 4사람이 6~7명씩 분담하여 전도 폭발 훈련을 시켰다. 미국에서 훈련할 때는 전도 폭발 임상 훈련을 위한 전도 폭발 개요와 관련된 성경 구절과 예화를 암송하는 것이 쉽지 않았다. 그런데 이틀 밤 동안 열심히 암송하고, 훈련에 참여하는 중국 젊은이들의 모습이 너무나 진지해 큰 은혜와 감동을 받았다. 나는 내가 훈련시킨 중국 학생들에게 "이렇게 열심히 배우면 실제로 이러한 것들을 활용할 기회가 있느냐?"고 물었다. 그들은 주변의 친구들과 가족들에게 전할 수 있는 기회가 많다고 했다. 그리고 강 건너 북쪽에 있는 친척들이 식량을 구하기 위해 자주 연길을 방문하는데, 그들에게도 전할 수 있다고 했다. 그 말을 듣는 순간 이곳이 북쪽의 우리 동포들을 향한 하나님이 예비하신 곳이라는 확신을 갖게 되어 매우 기뻤다.

나는 김진경 총장을 만나 하나님께서 이곳에 와서 학생들을 가르치며 사역할 마음을 주셨다고 말했다. 미국으로 돌아가 아내와 함께 의논하고 구체적인 일정을 알려주겠다고 했다. 김 총장은 내가 미국에 가기 전 한국 대학에서 교수로 회계학을 가르친 경험이 있는 것을 알고 반가워하며, 다가오는 9월 학기부터라도 오면 좋겠다고 했다. 또 이곳에서 사역하는 내가 속한 교단의 미국인 사역자를 소개받고 앞으로 아내와 함께 돌아올 것을 약속했다. 모든 것이 하나님께서 예비하시고 인도해 주셨음을 믿고 감사했다

사역지를 향해 떠날 준비

비전 트립에서 돌아와 아내에게 연변 지역과 학교를 소개하고 선교사로 떠날 준비를 하기로 했다. 나는 연변 지역을 두 번이나 방문하고 북한도 방문한 경험이 있지만, 한 번도 가보지 않은 미지의 땅으로 주님의 부르심과 명령에 순종하여 남편의 말만 듣고 결심한 아내에게 고맙고 감사했다. 마침 나는 1999년 12월, 켄터키주 루이즈빌에 있는 남침례신학교(Southern Baptist Seminary)에서 목회학석사(M.Div.) 과정을 마쳤다. 또한 2000년 3월과 5월이 되면 우리 부부가 만 65세로, 미국에서 공식적인 은퇴 연령이 되어 은퇴 후 새로운 삶을 시작하는 좋은 기회였다. 우리 부부에게 2000년은 완전히 제2의 인생 여정을 시작할 수 있는 해였던 것이다. 우선 2000년 8월경 선교지로 떠나는 목표를 세우고, 교회와 선교부에 선교사로 지원했다. 그리고 지금까지의 미국 생활을 정리하고 전혀 새로운 삶을 위해, 새 출발을 위해 기도했다. 특별히 2000년대는 컴퓨터와 인터넷이 세계적으로 보급되며 아날로그 시대에서 본격적인 디지털 시대로 전환되는 시기였다. 또한 2000년 새해 아침이 되면 세상은 큰 혼란에 빠질 것이라는 예언들로 인해 어수선하던 때였다. 심지어 내가 아는 한 목사님은 주님이 곧 재림하시는데 주님을 맞이할 준비를 해야지 어디를 가려고 하느냐며, 선교사로 떠나는 것을 만류하신 분도 있었다.

그동안 교회에서 하던 사역들도 다 내려놓고, 회계사 업무도 정리하여 교회의 다른 후배에게 인계하고, KASM 사역도 다른 사람들에게 인계했다. 집안에 있던 가구와 물건들은 아는 교우들과 친척들에게 나누어 주고, 일부는 아들 집에 맡겼다. 집을 정리하면서, 우리가 너무 많은 것을 가지고 살았음에 부끄러운 마음도 들었지만, 하나님의 은혜로 축복 속에 살았음을 확인할 수 있었다.

우리 부부는 몇 번의 면접과 심사를 거쳐 선교사로 최종 허락을 받고, 훈련원에 들어가 8주간 집중 훈련을 받았다. 한국에서 교차 사역 차 오신 이동원 목사님과 사모님 그리고 워싱턴 지역의 여러 목사님들과 평신도 리더들이 참석해 파송 예배를 드리며 안수와 격려를 해 주어 감사했다. 우리 부부는 30년 가까이 살던 정든 제2의 고향 실버스프링(Silver Spring)과 사랑하는 교우들, 친구들을 떠나 2000년 8월, 중국 연길로 떠났다. 무엇보다도 두 아들 부부와 잠시 이별하는 것이 부모로서 가슴 아팠고, 할머니와 할아버지를 많이 좋아하고 따랐던 사랑스러운 손자, 손녀들을 잠시나마 볼 수 없다는 생각에 많은 아쉬움과 마음이 무거웠다. 아마도 대부분의 선교사들의 마음이 이렇지 않았을까라는 생각이 들었다.

13.
중국 연길시에서의 삶과 사역

제3의 고향 연길시의 연변과학기술대학(YUST)

나의 고향은 대한민국의 물 좋고 산 좋은 충남 예산군 대술면이다. 그리고 제2의 고향은 워싱턴 지구촌교회 안에서 신앙생활을 했던 메릴랜드주의 실버스프링이다. 제3의 고향은 나의 제자들이 있고 북한 사역을 펼쳤던 중국 연길이다. 우리 부부는 2000년 8월 29일, 연길 공항에 도착했다. YUST(Yanbian University of Science and Technology, 연변과학기술대학) 직원의 안내와 미국 교단 선교부 책임자로 와 있던 미국인 부부의 도움을 받아 학교 교직원 숙소에 도착했다. 우리는 5층짜리 교직원 기숙사 1층에 있는 침실 하나짜리 숙소를 사용하게 됐다. 그곳은 침실 하나와 부엌, 화장실, 샤워 시설이 구비된 조그마한 숙소였다. 미국에서 살던 집에 비하면 아주 작은 숙소지만, 우리 부부가 생활하기에는 충분하다고 생각해 감사했다.

이 대학은 중국 최초의 중외합작 대학으로, 외국인과 중국인이 공동으로 운영하는 4년제 정규 대학이었다. 외국인 교수들이 학생들을 가르칠 수 있었다. 중국은 사역만을 위한 영구 거주는 허락하지 않았고, 사업이나 직장이 보장되지 않으면 거류증을 발급하지 않았다. 우리 부부는 대학에서 학생들을 가르치며 각각의 사역을 감당하는 특수한 공동체에서 일하게 됐다. 나는 대학생들에게 회계학을 가르쳤고, 아내는 대학 부설 YIA(Yanbian International Academy)에서 외국인 교직원 자녀들을 가르치게 됐다. 처음에 온 외국인들은 모두 병원에서 신체검사를 하고, 그 증명서를 제출해야 거류증을 받을 수 있었다.

신체검사를 위한 병원 방문과 시장 안내

다음 날 아침, 학교 관계자들을 찾아 인사했다. 우리의 정착을 도와줄 도우미와 함께 이 지역에서 규모가 가장 큰 연변대학 부속병원으로 갔다. 흰 가운을 입은 중년의 조선족 남자 의사는 담배를 피우며 왜 방문했는지 물었다. 나는 외국에서 대학생들을 가르치기 위해 이곳에 왔는데, 신체검사를 해야 거류증을 신청할 수 있다고 해서 왔다고 했다. 의사는 계속 담배를 피우며 아픈 곳은 없는지 물었다. 특별히 아픈 곳은 없다고 했더니, 기본적인 검사도 없이 서류의 모든 항목에 "정상"이라고 표시하고 도장을 찍어 주었다. 그리고는 수납처에서 비용을 내고 서류를 찾아가라고 했다. 의사가 찾아온 환자 앞에서 담배를 계속 피우며 진료하는 모습이 놀랍고 이해되지 않았다. '이곳에서는 건강해야지 아프면 안 되겠다'고 생각하며 병원을 나섰다.

이후 우리를 안내하는 도우미 교수님은 시장 주변을 안내했다. 그는 지금 온 사람들은 참으로 다행이라고 말했다. 1992년 개교 초창기에 온 사람들은 수도를 틀면 흙탕물이 나와 마시지도 못했고, 그릇을 씻거나 샤워도 흙탕물로 했다고 한다. 빨래를 하면 옷이 누렇게 물들어 많은 고생을 했다고 추억에 잠긴 듯 말했다. 화장실도 건물 밖에 떨어진 곳에 있어 추운 겨울에는 화장실 가는 것이 고민이 되어 될 수 있는 대로 물을 적게 마셨다고 했다. 지금도 수돗물은 식수로 사용하지 못하고, 돈을 주고 따로 병에 든 물을 배달받아 먹어야 할 정도로 식수 사정이 좋지 않았다.

우리가 방문한 시장은 '서시장'이라고 부르는데, 이 지역에서는 가장 규모가 큰 시장이다. 연길에는 '동시장(東市场)'과 '서시장(西市场)'이라고 부르는 두 개의 큰 시장이 있다. 동시장은 주로 철물점, 가구점이 있고, 서시장은 식료품, 의류 위주의 매장이 있다. 서시장은 2층으로 되어 있고 규모가 꽤 큰데, 1층에는 주로 식료품과 채소, 과일 등을 종류별로 정해진 구역에서 판매한다. 주로 여성들이 판매대를 앞에 놓고 물건들을 팔고 있었다. 2층에는 주로 옷이나 가정용품 등을 판매하는 가게가 있다. 농산물 가격이 매우 저렴하기에 일반 서민의 기본적인 식생활에는 어려움이 없을 듯했다. 시장에는 조선족들이 많아 한국어가 어느 정도는 통하지만, 한국어를 모르는 한족들도 꽤 많아 중국어를 배울 필요가 있다고 생각했다.

시장까지 가는 시내버스가 있지만 노선을 알기가 쉽지 않아 주로 택시를 타게 되는데, 택시 값은 중국 돈 5위안, 버스 값은 1위안이었다. 당시 중국 돈 5위안은 미국 돈으로 1센트도 안 되는 가치였다. 놀랍게도 교통비는 20년이 지난 후에도 똑같았다. 중국 정부가 물가를 강압적으로 관리하고 있음을 추측할 수 있다. 연길의 도로는 자전거, 오토바이, 소달구지, 자동차, 사람으로 뒤엉켜 있었다. 차선도 지워진 것인지, 아니면 아예 그리지 않았는지 모를 정도로 거의 보이지 않았다. 그러다 보니 자동차들이 후진하는 때도 다반사였다. 무엇보다도, 당시에는 시내에 신호등이 없어 사거리를 지나갈 때는 가슴이 조였고, 우리 부부는 혼자서 건널목을 한동안 건너지 못했다. 도로를 횡단하기 위해서는 날렵함과(자동차 사이를 끼어들) 타이밍이 중요했기 때문이다.

우리를 안내해 주는 과기대 동료 사모님은 우선 중국어 몇 마디는 알고 있어야 한다며, "스시창(西市场, 서시장)", 커지다쉬에 슈서(科技大学宿舍, 과기대 숙소)", "우 콰이 싱마?(五块行吗, 5위안이면 됩니까?)", "뚜오샤오치엔?(多少钱?, 얼마인가요?)"라는 말은 당장 꼭 외워야 한다고 했다. 감사하게도 우리 단체에서 사역자로 이미 이곳에 와 있는 분들이 있어 여러 가지 안내를 받을 수 있었고, 선교지에서 정착하는 데 외롭지 않았다.

그리고 9월 1일은 이번 학기에 새로 온 교직원들을 위한 오리엔테이션이 있고, 9월 4일 월요일부터는 새 학기가 시작될 예정이었다. 9월 3일 주일은 학교 강당에서 외국인들을 위한 예배를 드릴 수 있었는데, 사역지에서 감격적인 첫 예배를 감사하며 드렸다. 당시 연변과기대에는 전 세계 약 13개국에서 온 외국인 교수와 행정 직원 약 200여 명, 가족과 자녀들까지 합치면 약 450~500명 정도의 외국인이 함께 생활했다. 연변과기대는 중국에서 외국인이 가장 많이 공동체를 이루고 있는 집단이다. 한국어권에서 온 교직원들을 위한 한국어 예배와 영어권에서 온 교직원을 위한 영어 예배를 따로 드리고, 한 달에 한 번은 이중 언어로 연합 예배를 드리고 있었다. 주일 저녁 예배와 주중 새벽 기도회는 우리가 사는 교직원 가족 숙소 5층에 약 100여 명 수용이 가능한 작은 예배실에서 드렸다. 그곳은 주일에는 영어권 예배실로 사용하고 있었다. 중국 국적 직원이나 학생들은 이 예배에 참석하지 않는 조건으로, 당국으로부터 허락받아 예배를 드리고 있었다.

첫 강의와 중국어 학습

9월 4일 월요일 첫 강의 시간, 강의실에 가보니 학생들이 강의실에 들어가지 못하고 복도에 서 있었다. 깜짝 놀라 알아보니, 수강 신청한 학생들이 예상 숫자보다 너무 많아 강의실이 좁아 들어가지 못하고 있었다. 최대 60명을 수용할 수 있는 강의실에 그의 배가 되는 120명이 몰려 문제가 된 것이다. 교무처에 급히 연락하여 다른 건물에 있는 계단식 큰 강당으로 바꾸어 강의했다. 전에는 많아야 50명 정도 수강을 했는데, 이번 학기부터 복수 전공 인정 제도가 생기면서 다른 학부 학생들까지 회계학을 신청해서 생긴 일이었다. 당시에는 회계학 교수가 한 사람뿐이어서 부득이 그대로 강의할 수밖에 없었다. 하지만 수강생 수가 너무 많아 강의를 제대로 알아듣고 이해하는지 알 수 없었다. 그래서 잘 이해하지 못하는 학생들을 위해 저녁 시간에 별도로 보충 강의를 하면서 학생들과 교제했다.

아내는 학교 안에 있는 외국인 교직원 자녀들을 위한 YIA에서 수학을 가르쳤다. 모든 수업은 미국에서 사용하는 교재를 구매하여 가르쳤고, 오전에만 강의가 있어 오후에는 중국어 과정을 택하여 배웠다.

물론 우리는 사역을 위해 틈틈이 중국어도 배웠다. 연변과기대 사회교육원에서는 교직원들이 의무적으로 최소 한 학기 동안 중국어를 배우게 했다. 솔직히 늦은 나이에 새로운 언어를 배우는 것이 쉽지 않았다. 열심히 배워서 외우면, 신기할 정도로 금세 잊어버리곤 했다. 그래서 진짜 머리에 단어를 새겨 넣는 것처럼 열심히 외워야만 했다. 감사하게도 아내는 나보다 머리가 좋아서인지, 훨씬 빠르게 중국어를 습득했다. 시장을 갈 때면 장사꾼들과 흥정도 하고, 식당에서 음식도 수월하게 주문하기도 했다. 참으로 아내가 연길 생활에 빠르게 적응하는 것 같아서 감사했다.

심각한 환경 오염과 계절의 변화

이곳의 5, 6월 그리고 9월 날씨는 일 년 중 가장 좋고, 봄과 가을이 아주 짧다. 북쪽이라서 그런지 10월 중순만 되도 춥기 시작해 난방해야 되는데, 겨울에는 매우 춥고 눈이 많이 와서 두꺼운 오리털 외투가 꼭 필요했다.

10월 중순이 되니 아파트에 온수 파이프를 통해 난방이 들어왔다. 그런데 문제는 학교뿐 아니라 연길시 전체가 난방을 위해 석탄을 사용해서, 온 시내가 시커먼 안개가 낀 것처럼 석탄 가스로 가득 차 숨 쉬기가 어려울 정도가 됐다. 밖에 나갈 때는 반드시 마스크를 해야 했고, 하지 않으면 숨 쉬기가 힘들었다. 다행히 학교는 시내에서 좀 떨어져 있는 언덕에 있었기 때문에 좀 나은 편이지만 시내 나갈 일이 생기면 숨 쉬기가 매우 힘들었다. 퀴퀴한 냄새와 먼지가 호흡 기관으로 쏟아져 들어오기 때문이다. 이곳에 오기 전에는 우리가 숨 쉬는 맑은 공기의 고마움을 전혀 모르고 살았는데, 비로소 일상의 소중함을 깨닫게 됐다. 참으로 사람들이 맑은 공기를 어디서나 값없이 마음껏 마시고 산다는 것은 정말 축복된 일이다.

이곳의 겨울은 길기 때문에, 매년 4월이 되어야 이 어려움에서 벗어날 수 있지만, 봄과 여름이 되면 곳곳의 아파트 건축으로 흙먼지가 날린다. 그들은 건물 위에 있는 폐기물을 아래로 내리지 않고 그냥 옥상에서 내던진다. 이는 일반 가정도 마찬가지다. 길거리의 나무에는 검은 비닐봉지가 휘날리고 있다. 많은 가정이 창문 밖으로 쓰레기를 버리기 때문이다. 한두 가정이 몰래 버리는 것이 아니라, 대부분 아무렇지 않게 버리고 그러한 행위를 당연히 여겼다. 참으로 연길에서 날씨가 가장 좋은 날은 바람이 세차게 부는 날뿐이다.

연길의 겨울은 몹시 춥고 눈도 많이 왔다. 겨울이면 눈으로 하얗게 뒤덮일 것으로 상상되지만, 실제로는 석탄 매연으로 하늘과 땅이 시커멓게 그을려 있었다. 이곳의 겨울 날씨는 보통 영하 15~20도(섭씨)이지만 칼바람으로 인해 체감 온도는 더 떨어진다. 북쪽 시베리아에서 불어오는 매서운 칼바람은 살결을 에이듯 날카롭고 고통스럽기까지 했다. 지나치다 싶은 정도의 두꺼운 외투와 귀를 덮는 모자가 없이는 밖에 나갈 수 없었다. 외출복을 입은 모습은 마치 털모자를 쓴 일본 스모 선수의 육중한 몸매와 같았다. 온몸을 감싸고 있다 보니 길거리에서 지인들을 알아보기 힘들다.

시내의 모든 가게도 출입문을 두꺼운 국방색 담요로 가려 바람을 막았고, 무겁고 더러운 담요를 걷어 내야만 안으로 들어갈 수 있었다. 길거리의 눈은 치우지도 않고, 겨울 내내 얼음판으로 꽁꽁 얼어 있어서 넘어지는 것은 일상이다. 행여나 햇볕이 들어 빙판이 녹기라도 하면, 길거리는 눈으로 된 진흙더미로 변하여, 품위 있게 걷는 것은 포기해야 했다.

그래서 겨울에는 많은 교직원이 중국 남쪽 지방이나 한국을 방문하여 졸업생들을 만나 격려하기도 하고, 후원자들을 만나는 시간으로 활용하고 있었다. 여름에는 한국과 미국 등의 대학이나 교회의 자원봉사자들이 약 150~200명씩 방문하여 강의 이외에도 영어 교실, 한국어 교실, 컴퓨터 특강, 지역 봉사 등 여러 분야에 걸쳐 봉사 활동들이 이뤄지고 있었다. 이분들의 섬김은 학생들의 시야를 넓혀 주고, YUST의 교직원들이 사역에 좀 더 집중할 수 있도록 큰 도움을 주었다.

14.
연변과학기술대학(YUST)에서의 학생 사역들

연변과기대 교수 사역 시작

2000년 9월 학기부터 주중에는 연변과학기술대학(YUST, Yanbian University of Science and Technology)에서 교수 사역을 했다. 아내는 YUST 부설 연변국제학교(YIA, Yanbian International Academy)에서 어린이들을 가르쳤다. 나는 지도 학생들을 돌보는 일도 하면서, 주로 저녁과 주말에는 학생들과 현지인을 비롯해 북쪽에서 넘어오는 탈북자들을 위한 사역을 했다. 당시 밤마다 북한에서 불법으로 강을 넘어와 먹을 것이나 돈을 요구하는 탈북자들이 많았다. 물론 조선족이 탈북자라고 거짓말하며 돈을 요구하는 사람도 있었다. 중국은 탈북자 문제를 민감하게 다루었다. 또한, 중국 변방에서는 북한 사람들로 인한 사건 사고가 많았다. 분명 도둑질이 나쁘다는 것을 잘 알고 있었지만, 아이러니하게도 '들키지 말고 훔쳐가라'는 마음이 더 컸다. 잘못되면 그들은 큰 처벌을 받기 때문이었다.

교수들에게 지도 학생 배정

대부분의 학생은 조선족이어서 한국어가 가능했고, 한족들은 졸업할 때까지 한국어를 의무적으로 배워야 했다. 그리고 모든 학생이 영어와 한국어 시험에 합격해야 졸업할 수 있었다. 그래서 중국 대학과는 다르게 졸업할 때쯤이면, 한어(중국어)를 포함해 3개 국어를 할 수 있었다. 졸업 후 취직률도 100%였고, 직장도 선택하여 갈 수 있어서 학생과 학부모가 선망하는 대학이었다. 이 대학의 또 다른 특징 하나는 모든 학생이 기숙사 생활을 했다는 것이다. 비록 집이 연길에 있어도 학교 기숙사 생활을 하는 것을 원칙으로 했고, 한방에 4명 혹은 6명씩 같이 생활했다. 당시 농촌에서 온 학생들 중에는 집이 가난하여 학비는 물론 식비를 부담하기 힘든 학생들도 있었다. 대부분 조선족 학생의 부모는 돈을 벌기 위해 한국이나 다른 외국에 나가 있어, 부모와 같이 생활하지 않는 학생이 많았다. 그래서 외국인 교수들에게 강의와 학생 지도뿐 아니라 기숙사 학생들을 지도하는 책임이 맡겨져, 학생 사생활에 관한 것까지 상담하고 지도했다.

우리 부부도 제2기숙사의 학생 12명과 내가 속한 학부 학생 18명, 총 30명의 학생을 특별 지도했다. 그중에는 어릴 때 어머니와 헤어져 10여 년 동안 한 번도 만나지 못해 얼굴이 잘 기억나지 않는다는 학생도 있었다. 지금이야 휴대전화로 화상 통화를 할 수 있지만, 당시는 편지가 주요 소통 수단이었다. 물론 출처를 알 수 없는 국제

전화카드를 사서 통화할 수 있었지만, 현지인들 처지에서는 카드 값이 저렴하지 않았다.

나의 지도 학생들은 대부분 사진을 통해서만 부모를 만날 수 있었고, 주로 조부모나 친척들과 함께 살았다. 다만 그들의 부모님은 자녀들이 열심히 공부할 수 있도록 그저 학비만 보내주는 것으로 그 역할을 다하는 듯했다. 솔직히 그들의 사연을 듣고 처음에는 놀랐다. 그런 학생들이 한두 명이었다면 그럴 수도 있겠다고 생각했을 테지만, 대부분의 학생이 부모들과 오랫동안 헤어져 서로 만나지도 못한다는 사실이 참으로 가슴 아팠고, 그들에게 긍휼의 마음이 들었다. 우리 부부는 이들을 자식처럼 잘 돌보며, 학업뿐 아니라 개인 생활에 대한 고민이나 문제들을 성심껏 지도하면서, 복음을 전할 기회도 찾았다.

기숙사 지도 학생들은 학과와 학년이 다양했다. 지도를 맡은 학부 학생들은 모두 2000년도 신입생이었다. 그래서 기숙사 학생과 학부 학생, 두 그룹으로 나누어 모였다. 돈이 없었던 학생들은 주로 시내에 있는 식당에서 맛있는 것을 먹고 싶어 했다. 나는 그들을 섬기고 싶어서, 시내 식당에서 자주 모였다. 그들은 특별히 연길 지역 별미로 알려져 있는 개고기를 좋아했다. 이는 내가 혐오하는 음식이었지만, 선교사가 사역지에서 음식을 가려 먹는 것이 좋아 보이지 않아 같이 먹었다. 분명 내가 먹지 못한다고 말하면, 학생들은 다른 음식을 시켰을 것이다. 물론 아내는 도저히 먹을 수 없어서, 다른 것을 주문해서 먹었다. 하지만, 학생들과 자유롭게 교제하기 위해서는 집에 초대해서 음식을 먹는 것이 사역적인 측면뿐만 아니라 건강을 위해서도 바람직하다고 생각했다. 비록 아내가 힘들지만, 부부가 함께 음식을 준비했고, 그 결과 학생들과 더욱 가깝게 지낼 수 있었다.

신입생들의 군사 훈련

9월 초 대학에 입학한 신입생들은 의무적으로 3주 동안 남녀 구별 없이 군사 훈련을 받았다. 군복을 입고 매일 아침 새벽부터 저녁 늦은 시간까지 군사 훈련을 받고, 기숙사에서 합숙했다. 이것은 국가에서 요구하는 과정이기 때문에, 이 나라의 대학생들은 누구나 이 훈련을 받아야 했다. 한번은 우리 지도 학생으로 지정받은 여학생 중 한 학생이 훈련 중 쓰러졌다는 연락을 받고, 놀라서 아내와 함께 급히 가서 학교 의무실로 데려가 조치를 취하여 회복되도록 했다. 아내는 마치 친아들이 아픈 것처럼 당황하며 달려갔다. 나는 이것이 예수님의 사랑임을 느낄 수 있었다.

이 여학생은 키도 크고 건강해 보였는데, 아마 더운 여름 날씨로 인해 탈진한 것 같았다. 이곳에서는 여학생들도 남학생과 똑같이 이 훈련을 받고, 마지막에는 실제 총알 5발로 사격 연습을 하고 훈련을 마친다. 학교 뒤편에는 사과 배(이 지역의 특산물 사과 맛과 배 맛이 나는 과일) 밭이 있었고, 그 뒤쪽 산 언덕에 사형장으로 쓰던 곳과 그 앞에는 화장터가 있었다. 초창기에 온 교직원들은 머리에 두건을 쓰고 트럭에 실려 사형장으로 가는 죄수들을 목격하기도 했다고 한다. 놀라운 것은 사형장에서 쓴 총알 값까지도 죄수 가족에게 받아갔다고 했다.

학생 가정 방문

우리가 온 지 얼마 안 되어 한 여학생의 부모로부터 주말에 초대받았다. 그녀는 바로 군사 훈련을 받다가 탈진하여 쓰러졌던 여학생의 집이었다. 그 학생의 집은 북한을 마주하고 있는 두만강가에 있는 '도문'이라는 곳이었다. 당시 학교에서 도문까지는 차로 약 1시간 반 정도의 거리였다. 지금은 고속도로가 생겨 30~40분 정도면 갈 수 있는 가까운 거리다. 그의 아버지는 정부 기관의 토지를 관리하는 기관에서 중책을 맡은 공산당 간부였다. 아파트에 살고 있었는데 크고 화려하지는 않아도 여유 있게 살았고, 외동딸을 매우 귀하게 키웠다. 외국에서 온 대학교수가 방문한다고 멀리 사는 학생의 삼촌까지 나를 보기 위해 왔다고 했다. 그리고 소, 돼지, 닭고기를 비롯해 오리, 꿩, 토끼 고기까지 우리가 이름도 모를 각종 생선 등 너무 많은 요리를 준비해 우리 부부는 놀랐다. 학부모는 미국에서 온 우리 부부의 입맛을 모르기 때문에, 자신들이 할 수 있는 다양한 음식들을 준비한 것이다. 그들은 상 위에 있는 음식들을 하나하나 설명하며 권했다. 특히 우리가 어떤 술을 좋아하는지 몰라 각종 좋은 양주들을 내놓았다. 그들은 이런저런 술들을 권하기도 하고, 다양한 고급 담배도 권했다. 우리가 좀 당황해하며 술과 담배는 못한다고 했더니, 그는 실망스러운 기색을 보였다. 어쩌면 그들에게 우리는 무례하게 비쳤을 수도 있다. 원래 우리 민족은 가무를 즐겼다. 집안에 손님이 오면 '술상'을 내오는 것이 예의였다. 그래서인지는 모르겠지만, 조선족뿐만 아니라 북한 사람들도 술과 담배를 즐겼다. 연길의 조선족들은 식사할 때면, 반주를 즐기는 사람들이 많았다. 우리는 예수를 믿는 사람들인데 식사하기 전에 먼저 하나님께 감사 기도를 드린다고 했더니, 교수님 방식대로 하시라고 하여 축복과 감사의 기도를 드렸다.

처음에 나는 중국은 아직 발전되지 못하고, 사람들도 초췌해 보여서, 대부분 가난할 것이라고 생각했었는데, 그렇지 않은 사람들도 많이 있음을 알게 됐다. 식사 후에는 학생 아버지의 안내로 두만강 가를 산책했다. 그는 북한 사람들의 형편이 너무나 어려워서 수시로 강을 건너와 먹을 것을 구한다고 했다. 심지어는 몰래 훔쳐 가기도 해서 사회적인 물의를 일으키기도 한다고 말했다. 그리고 그들 중에는 굶어 죽는 사람들이 많다고 했다. 북한 김일성 수령 때는 오히려 중국이 먹을 것이 없어, 북한 사람들이 자기들을 도와주었는데 지금은 반대가 됐다고 한다. 돌아오면서 강 건너 우리 동포들의 고난을 생각하며, 우리를 이곳으로 인도해 주신 주님께 감사하고, 사역의 구체적인 발걸음을 인도해 주실 것을 기도하며 돌아왔다.

중국에서의 추수감사절

초기 미국에 정착한 청교도들의 전통에 따라, 미국에서는 매년 11월 넷째 목요일을 추수감사절로 지낸다. 이때는 한 해의 추수를 감사하며 온 가족과 친구들이 모여 칠면조 고기와 추수감사절 특별 음식을 나누는 전통이 있다. 우리 가족이 미국에 이민 가서 처음 추수감사절을 맞았을 때, 미국 대학 교수 한 분이 우리 가족을 자기 집으로 초대해 첫 추수감사절을 보냈다. 칠면조와 추수감사절 특별 음식을 대접받고, 그 집 지하실에서 탁구도 치며 놀다 온 것을 오래 기억하며 감사했다. 그 교수는 매년 추수감사절에 미국에 처음 이민 온 한 가정을 초청해 식사하며 교제하는 시간을 가진다고 했다. 그래서 우리도 다음 해부터는 가족 없는 유학생들을 집으로 초청해 예배도 드리고, 칠면조 고기를 나누며 즐겁게 지냈다. 그러다가 장인과 장모님, 두 처남 가족이 미국으로 오면서 대가족이 되어 가족 중심으로 모임을 가졌다.

중국의 YUST 공동체에서도 11월 마지막 주일에 추수감사절 예배를 드렸다. 우리 부부는 추수감사절 저녁에 지도 학생들을 집으로 초대해 음식을 나누며, 추수감사절의 전통과 의미를 설명했다. 추수감사절은 외국 문화라고 하면서도, 한 해 동안 하나님께서 축복하시고 지금까지 인도해 주신 은혜에 감사하는 예배를 드렸다. 처음 예배를 드리는 학생들은 잘 몰라 어색해하기도 했지만, 내가 인도하는 대로 잘 순종하며 따라주었다. 또한 예배 후에는 식사와 다과를 나누면서 지난 1년 동안 각자의 삶 속에서 가장 감사한 일을 하나씩 나누었다. 오랫동안 못 만난 어머니가 잠시 방문하여 만나게 되어 감사, 할머니와 같이 사는데 많이 아파 걱정했는데 건강이 좋아져서 감사, 자기가 사는 농촌 마을에는 대학에 다니는 사람이 없는데 대학에서 공부하게 되어 감사 등 학생들이 나누는 감사를 통해 그들에 대해 좀 더 잘 알 수 있는 시간이 됐다.

그중에 A라는 여학생이 대학에 들어와 같은 방을 쓰는 언니를 따라 교회에 나가게 되어 감사하다고 말해 놀랐다. 이는 친구들에게 기독교인임을 고백한 것이나 마찬가지였기 때문이다. 나는 그 학생이 실수한 것이 아닌가 생각하여, 주목받지 않게 하려고 이야기의 주제를 돌렸다. 그리고 항상 신앙적인 것에 관해 궁금증이 있는 학생들은 언제든지 우리에게 연락하라고 했다. A 여학생에게는 나중에 따로 만나자고 약속했다. 아무튼 게임도 하고, 노래도 부르고, 음식도 많이 먹으며 의미 있고 재미있게 학생들과 첫 추수감사절을 지냈다.

산타 할아버지와 예수님 사랑

어느덧 12월이 됐다. 어느 곳에서나 연말은 사람들의 마음을 들뜨고 분주하게 한다. 연변 시내에 작은 백화점이 하나 있었는데, 내부를 크리스마스트리로 장식하고 크리스마스 노래가 흘러나왔다.

공산주의 국가에서 크리스마스 노래가 들리니 신기하게 느껴졌다. 우리 대학에서도 본관동에 큰 크리스마스 트리를 장식하고 식당과 기숙사에도 크리스마스 트리로 장식했다. 중국 사람들은 산타 할아버지를 기념했지만, YUST에서는 예수님의 성탄을 축하하기 위해 의도적으로 학교 건물과 연구실, 기숙사 곳곳에 크리스마스 트리를 장식했다. 캠퍼스 전체가 예수님의 탄생을 축하했다. 크리스마스이브에는 총장님이 빨간 산타클로스 복장을 하고 학생들의 숙소를 일일이 방문하여 '메리 크리스마스'라고 축하 메시지를 전하고, '사과배'(사과같이 생겼지만 배맛이 나는 연길에만 있는 과일) 한 상자씩을 선물로 전달하는 행사를 매년 계속하고 있었다. 학생들은 총장님이 자기들의 방을 방문할 때까지 기다리며, 기념사진도 찍는 등 즐겁게 지냈다. 참으로 공산주의 사회인 중국에서 상상도 할 수 없는 모습이었다. 아마도 중국 변방 연길시에서의 성탄절 밤은 YUST가 가장 빛나지 않았을까 생각한다.

또한 크리스마스 축하 예배는 영어권과 함께 이중 언어로 예배를 드렸는데, 주 정부 종교국 지도자들과 YUST의 중국 지도자들 20여 명을 매년 성탄 예배에 초청했다. 매년 그들은 우리 교직원 자녀들을 위한 성탄 선물을 가지고 와서 성탄 축하 인사를 했다. 우리들도 그들이 예배를 통해 구주 되시는 예수님을 알고 구원받는 기회가 되기를 기도하는 심정으로 성탄 선물을 전달했다. 일 년 중 성탄절만이 중국 국적을 가진 사람들이 함께 예배를 드릴 수 있는 유일한 날이었다.

성탄절 저녁에는 지도 학생들을 우리 집으로 초청하여 저녁 식사를 하면서, 성탄절의 의미와 미국에서의 성탄절 풍경을 설명했다. 예배도 드리고, 성탄절에 많이 부르는 찬양도 가르쳐 주었다. 아내는 학생들에게 〈아브라함은 열한 명의 아들이 있었는데요〉라는 노래와 율동을 가르쳐 주었다. 모두 웃고 재미있어 하면서 친해지는 기회가 됐다.

학생 사역은 다양한 모습으로 이루어진다. 때로는 지도 학생들과 주말에 근처 산이나 공원 등을 산책하며 교제하기도 하고, 수시로 학생들을 한 명씩 집으로 초청하여 식사하면서 관계성을 지속적으로 맺어 나갔다. 그리고 성령님이 예비하신 순간에 예수님을 소개하고, 예수님을 영접한 학생들은 매주 성경 공부로 초청하여 양육했다. 복음을 전할 때는 철저하게 한 사람씩 한다. 아무리 친한 친구와 함께 있을지라도, 옆 친구로 인해 마음을 여는 데 어려움이 있기 때문이다. 또한 혹시나 공산당원인 학생들이나, 공산당 직원들에게 알려지면 큰일 나기 때문이었다. 그래서 보안상 한 명씩 집으로 초청하여 복음을 전하고, 예수님을 믿고 신앙을 고백한 학생들은 집에 있는 목욕탕에서 침례식을 행하고 축하했다.

그리고 이들이 졸업할 때는 매년 총장님이 한 명씩 면접했다. 졸업생들의 진로와 계획을 묻고, 학교에서 좋았던 일 혹은 학교에 건의하고 싶은 것이 있는지 물으면서 예수를 믿는지 신앙도 체크했다. 이 결과를 총장님은 비공개 공동체 회의 때 피드백을 주었다. 감사하게도 2000년 입학생(00급)의 복음화율이 70% 정도이고, 특히 이상훈 교수의 지도 학생들은 100%라고 격려하기도 했다.

중국이 한국을 비롯한 미국과 조약을 맺고 경제 개방 정책을 펼쳐 급속도로 발전해 가면서 국민의 생활이 나아졌다. 한국 방문도 수월해지자 학생들의 생활도 윤택해졌다. 전에는 한국에 교환학생으로 가는 기회(한 학기 혹은 1년)를 얻기 위해 경쟁이 심했는데, 점차 열기가 식어졌고 복음에 대한 관심도 이전보다 떨어졌다. '부자는 천국에 들어가는 것이 어렵다'는 예수님의 말씀(마 19:23-24)이 생각났다. 그럼에도 불구하고 여전히 복음으로 변화되고, 예수님의 제자로 살겠다고 결단하는 학생들이 있어 감사했다.

15.
연변과학기술대학(YUST) 공동체와 여러 사역들

보직을 맡아 섬김

나는 이곳에 온 지 한 학기가 지나자 기획조정실장이라는 행정 보직에 임명됐다. 기획조정실은 대학의 모든 회계 관련 재무 관리와 각 부서 간의 업무 조정, 특히 중방과의 협력 관계를 조정하는 핵심 부서 중 하나였다. YUST는 외국인과 중국인이 함께 운영하는데, 외국에서 온 사람들을 지칭하여 '외방', 중국 측 사람들을 '중방'이라고 불렀다. 처음에는 이곳에 온 지 얼마 안 되었고 학교의 상황과 분위기도 잘 알지 못했기에 보직을 사양했지만, 총장은 이 직책을 맡아 일하면 더 빨리 이 지역과 학교의 상황 및 사람들을 알게 되어 여러 가지 사역하는데 도움이 될 것이라고 강권했다. 그래서 얼마 동안은 전임자의 도움을 받아 상황을 파악하고 배우며 일하게 됐다. 처음에는 당황했지만, 학교의 상황과 분위기를 파악하고 특별히 중방 관리들과 현지 직원들을 파악하고 교제하는 데 많은 도움이 됐다.

2001년 9월, 우리가 이곳에 온 지 1년이 됐을 때, 나는 외방 부총장으로 임명되어 교직원들을 섬기며 사역하게 됐다. YUST는 중외방 합작으로 세워진 대학이기 때문에 총장과 부총장이 두 명씩 있었는데, 중방에서는 총장을 원장, 부총장을 부원장이라고 불렀다. 또한 학교에는 공산당 당 서기가 있어 중국의 정책 방향에 맞춰 학생들과 직원들의 공산당 정신 훈련에 대한 책임을 맡아 관리하고 있었다. 중국에서는 어떤 기관이든 당 조직이 중심이 되어 모든 정책과 관리, 훈련 등을 통제했고, 대부분 중국 기관에서는 당 서기가 실세였다. 기획조정실장을 맡은 지 반년밖에 되지 않았는데, 더 큰 책임을 맡게 되어 부담이 됐으나 이러한 기회를 통해 일하실 하나님을 신뢰하며 순종하기로 했다.

부총장직을 맡고 나니 중방 영도들이나 시 정부 관리들을 만날 기회가 많았다. 이들과의 만남에서 처음에 제일 어려웠던 점은 중국 관리들이 술과 담배를 좋아하고, 상대방에게 그것을 권할 때 받아들이는 것을 예의로 여긴다는 점이었다. 지혜롭게 피하는 것이 내게는 어려움이 있었다. 그래서 나는 처음부터 분명하게 술과 담배를 하지 않는 사람임을 밝히고, 사이다나 음료수로 채워 건배하며 분위기를 맞췄다. 처음에는 그들이 내 앞에서 술을 마시고 담배를 피우는 것을 불편해했고, 예의상 고개를 돌리며 담배를 피웠다. 나는 그들에게 편하게 하라고 권했고, 항상 그들과의 만남 자리를 끝까지 남아서 그들의 말에 경청했다.

화장터를 생명을 살리는 예배당으로 개조

부총장으로 4년 동안 섬기다가 YUST 신앙 공동체의 원장으로 섬기면서, 공동체 예배와 공동체 회원들 및 지역 사회와의 협력 등을 총괄하는 책임을 맡았다. 공동체 원장은 학교의 비공식적인 조직의 수장으로, 중방들은 이를 잘 알지 못했다. YUST는 처음에 학교 강당에서 예배드렸으나, 중국에서 학교 시설 안에서 예배드리는 것이 불법이라고 통지하며 예배를 금지하고자 했다. 공동체는 한마음으로 기도하면서 이 문제를 논의했다. 그런데 학교 인근의 '사과배' 밭을 지나 10분 정도 꼬불꼬불 걸어가면 화장터가 있었다. 우리는 시신을 소각하는 건물을 개조하여 예배당으로 쓸 수 있도록 중국 성 정부 종교국에 허락을 요청했다. 종교국 관계자들은 밖에서 보기에 예배당으로 보이면 안 되니, 종탑도 세우지 말고, 입구도 창고처럼 보이도록 문을 만들고 벽 색깔도 회색으로 하며, 내부에도 십자가나 다른 장식은 일절 하지 않는 조건으로 허락했다.

참으로 공동묘지 위에 YUST를 세우신 하나님의 역사를 통해, 죽음의 화장터가 생명의 예배 처소로 변한 것은 진실로 물이 포도주가 되는 기적의 역사임을 고백한다. 비록 정해진 날짜와 정해진 시간만 사용할 수 있는 공간이지만, 우리의 거룩한 예배당을 갖게 됨에 감사와 찬양을 드렸다. 또한 YUST는 문을 닫기 얼마 전까지 거의 30여 년 동안 하루도 빠짐없이 새벽마다 기도의 단을 쌓았다. 외방 교직원들이 사는 가족 숙소 5층을 예배실로 개조하여, 새벽 기도는 물론 다양한 공동체 모임을 가졌다. 찬양 소리가 밖에 들리면 문제가 되기 때문에, 창문은 3중 유리를 사용했고, 출입문도 철문을 포함해 3중문을 설치했다. 모든 공사가 하나님의 은혜 가운데 잘 마무리되어 각종 예배와 기도 모임 등을 자유롭게 할 수 있었다.

YUST 신앙 공동체는 기본 원칙을 정하고 산하에 예배위원회, 학생 사역 위원회, 졸업생 사역 위원회를 두어, 재학생뿐 아니라 졸업생들까지도 계속 관심을 가지고 신앙생활을 살피고 돕는 역할을 했다. 학생 사역 위원회에서는 재학생들의 복음화 사역에 대한 전략을 개발하고, 학생 사역들을 점검하고 격려했다. 졸업생 사역 위원회에서는 졸업생들이 졸업 후에 계속해서 신앙생활을 잘할 수 있도록, 지역 교회로 연결하고, 신앙생활을 격려하며 돌보는 사역을 했다. 예배 위원회에서는 주일 예배는 물론 새벽 기도회(매일), 저녁 기도회 모임(매주), 구역 모임(매주) 등 각종 예배와 공동체 구성원들의 신앙생활과 상호 협력 관계를 통해 공동체의 하나 됨을 돕고 격려하는 사역을 했다.

그밖에 YUST에 처음 오는 교직원들에게 오리엔테이션을 통해 공동체의 정책과 구체적인 사역 지침을 소개하고 잘 적응할 수 있도록 돕는 일을 했다. 비록 대부분은 선교 헌신자들이었지만, 국적과 신앙 배경, 연령, 성격 차이 등 다양한 사람들이 모여 공동체를 이루기에, 적절한 신앙 지침들을 숙지해야만 했다. 나는 바울 사도가 에베소 교회를 향하여 말한 것을 기억하며, 하나님의 공동체가 하나 될 수 있도록 기도하며 열심을 다했다.

"그러므로 주 안에서 갇힌 내가 너희를 권하노니 너희가 부르심을 받은 일에 합당하게 행하여 모든 겸손과 온유로 하고 오래 참음으로 사랑 가운데서 서로 용납하고 평안의 매는 줄로 성령이 하나 되게 하신 것을 힘써 지키라" _엡 4:1–3

한번은 동역자 한 분이 내게 찾아와, 찬양팀에서 사역하는 오스트리아에서 온 한국인 교포 형제가 미국에서 온 다른 한 형제와 의견 차이로 다투고, 화가 나서 모든 것을 포기하고 돌아갈지 고민하고 있다고 알려 주었다. 그래서 그 형제와 부인을 시내의 한 식당으로 초대해 식사하며 그의 고충을 들었다. 그 형제는 찬양을 좋아해서 팀에 합류했지만, 선임자인 다른 형제가 음성의 조화가 잘 안 되니 그만두는 것이 좋겠다고 퉁명스럽고 고압적인 자세로 말해서 상처를 받았다는 것이다. 다 같은 사역자이면서, 새로 온 자신들을 너무 무례하게 대하는 것 같아서 화가 났다는 것이다. 미국 형제는 성격과 말투가 좀 직설적이어서 다른 사람에게 오해를 받는 경우가 종종 있었다. 하지만, 그의 실제 마음은 전혀 그렇지 않았다. 각자 살아온 문화 차이로 인해 소통 방식이 다른 것인데, 이로 인해 상대방에게 상처 주는 일들이 종종 발생한다. 이것은 옳고 그름의 문제가 아니다. 그래서 예수 그리스도만이 해결의 접촉점이 될 수 있다. 나는 오스트리아에서 온 부부를 격려하며, 함께 기도시간을 갖고, 후에 미국 형제와도 만나서 상황을 듣고, 그들이 서로 오해를 풀 수 있도록 도왔다. 참으로 사람들이 모인 공동체에서, 사소한 일에서 무심코 던진 한마디가 친구나 동역자의 마음을 상하게 하고 공동체 전체를 어렵게 하는 경우가 비일비재하다.

YUST 공동체는 현지 교회와 사역자와도 좋은 관계를 맺도록 노력했는데, 특별히 지역 사회에서 소외된 지체장애인들을 돕는 일에 관심을 두고 협력했다. 매년 이 지역의 지체장애인 협회의 협력을 받아 약 20곳의 장애인 가정에 월동용 석탄을 지원하는 사역을 했다. 한번은 석탄을 전달하는 과정에 직접 참여해 달라는 요청을 받았다. 혼자 사는 70대 한족 할머니는 길에서 넘어져 거동도 못 하고 누워 계셨다. 다행히 이웃에 사는 조선족 아주머니가 보살펴 드리고 있었다. 할머니는 거동도 못 하고 가난하여 제대로 난방을 할 수 없어 고생이 많았는데, 이렇게 도움을 받게 되어 감사하다고 말했다. 다른 한 가정은 눈이 어두워 앞을 잘 못 보는 40대 중반의 조선족 남자가 어린 딸 하나를 데리고 살고 있었다. 그는 탈북 여성과 결혼해서 딸을 낳았는데, 얼마 전에 말없이 한국으로 가버려서 딸과 함께 살고 있었던 것이다. 시각장애인이어서 일도 못 하고 정부에서 지원해 주는 돈으로 겨우 생계를 유지하고 있었지만, 추운 겨울을 넘길 생각에 큰 근심을 하고 있었는데 이렇게 도움을 받게 되어 고맙다고 말했다. 그날 지체장애인들을 돕는 행사가 있다는 소식을 듣고 취재온 TV 방송국 기자가 그와 인터뷰를 했는데, 그는 자신을 전혀 알지도 못하는 외국인들이 자기 같은 사람들에게 사랑을 베풀어 주어 고맙다고 하며 눈물을 흘렸다. 얼마 안 되는 석탄에 이렇게 감동하는 그를 보면서 옆에 있던 우리는 오히려 부끄러웠다. 정말 힘들고 외롭게 사는 분이라고 생각하며 그를 위로하고 돌아왔다. 장애인 협회 임원들은 자기들이 전달하는 다른 지역의 장애인들도 사정이 비슷하다고 하며 우리 과기대 교수님들의 사랑에 감사하며 크게 힘이 된다고 했다. 초기에 중국에서는 장애인들은 대학도 들어갈 수 없었다. 왜냐하면, 대학마다 장애인들이 다닐 수 있는 길을 만들어야 하고, 무엇보다도 엘리베이터를 설치해야 하기 때문에 장애인들의 입학을 거절했다. 우리 공동체는 비록 작은 일이지만 매년 이들을 위해 예수님의 사랑으로 관심을 가지고 지원해야 하겠다는 생각을 갖게 됐다.

당원대회에서 축사

어느 날, 학교 공산당 서기로부터 당원 모임 축사를 요청받았다. 평소 그들의 모임이 궁금했던 나는 호기심에 흔쾌히 승낙했다. 이 모임은 일상적인 것이 아니라, 연 1~2회 열리는 당원 수련회로, 학교와 떨어진 수양관에서 진행됐다.

일반적으로 공산당은 입학 시 우수한 학생들을 선별하여 예비당원으로 입당시켰다. 1년 이상 다양한 학습과 훈련, 최종 심사를 거쳐 정식 당원이 되었지만, 당원 신분은 공개되지 않았다. 이러한 배경 때문에 그들의 모임에 대한 궁금증은 더욱 커졌다.

모임에 참석하니 학업에 성실했던 학생들, 그리고 학교 정문이나 본관 수위실에서 자주 보던 직원들도 약 130명 함께 했다. 무슨 말을 해야 할지 막막했던 나는 속으로 기도하며 지혜를 구하며 연단에 섰다.

나는 그들에게 "중국에 오기 전에는 공산당원이 뿔 나고 무서운 사람이라 생각했으나, 와서 보니 정직하고 모든 일에 앞장서 봉사하는 모범적인 사람들이라는 것을 알게 되었다"고 말했다. 이어 "얼마 전 공산당 전국 당대회에서 자본가도 당원이 될 자격을 주었다는데 사실이냐"고 물었고, 모두 "맞다"고 답했다. 이에 "앞으로 예수 믿는 사람도 당원이 될 기회가 온다면 내가 제일 먼저 국제 공산당에 가입하여 당원이 되겠다"고 하자, 모두 박수를 치며 한바탕 웃었다. 당서기는 당원이 아닌 비당원이 당대회에 참석한 것은 오늘이 처음이라고 했다. 그날 나는 간부들과 식사하며 좋은 경험을 가졌다.

우루무치에 있는 신장대학 방문

여름방학이 되면 우리 대학 학생들은 신장자치주의 수도인 우루무치에 가서 영어와 컴퓨터를 가르치는 봉사활동을 해왔다. 우리 대학은 중국 동북아 지역의 끝에 있는데, 우루무치(Urumqi)는 반대편인 서북부 지역의 끝에 있어 완전히 반대편에 멀리 떨어져 있다. 우리 대학에 와 있는 교수 중 한 분이 중국 소수민족 사역에 관심을 가지고 있어, 여름방학마다 학생들과 함께 방문하여 약 2주 정도 사역하고 돌아왔다.

그런데 우리 대학의 중방 영도들은 가까운 지역도 아닌 그 먼 지역까지 학생들이 가서 봉사한다는 것을 이해하지 못해 반대하는 분위기였다. 그래서 교수들 중심으로 그 지역을 방문하여 학생들을 격려하고, 지속적인 교류를 위해 우루무치에 있는 신장대학(Xinjiang University)과 자매 관계를 맺고 학생과 교수 교류를 제안했다.

부총장인 나는 단장이 되고, 대학의 대외 관계 일을 전담하는 중방 외사처장의 중재와 안내로 대표단이 구성되었다. 약 12명 정도의 교직원 대표가 방문하기로 했다. 물론 모든 비용은 각자가 부담하기로 하고 준비했다. 학생들 13명은 기차로 교수들보다 하루 일찍 떠나, 북경을 거쳐 우루무치까지 약 70시간, 만 3일이 걸려 도착했다. 교수들은 다음 날 비행기로 북경을 거쳐 하룻밤 자고 이튿날 우루무치에 점심때쯤 도착했다.

우루무치는 위구르족이 사는 지역으로, 일반 중국인보다 몸집이 크고 코도 서양 사람들처럼 컸다. 하지만 길거리에는 위구르족이 많이 보이지 않았다. 그들이 집단으로 사는 지역이 따로 있기 때문이다. 위구르족은 독립을 위해 중국 정부에 투쟁하고 있어 정부 당국이 신경을 많이 쓰는 지역으로 알고 있었다.

우리 일행은 호텔에서 하룻밤을 자고 다음 날 신장대학을 방문했다. 대학에서는 몸집과 키가 큰 위구르족 부총장이라는 분과 교직원 몇 분이 우리 일행을 넓은 영접실로 안내했다. 내가 우리말로 말하면 외사처장이 한어로 통역하면서 대표단을 소개하고, 각각 자기 대학을 소개하는 순서를 가졌다.

그 대학은 학생 수가 3만여 명이며 교수가 약 2천 명이었다. 우리 대학은 당시 학생 수가 1,600명에 교수가 250명 정도라고 소개했다. 하지만 250명 중 외국인 교수가 200명 정도 된다고 했더니, 작은 대학에 외국인 교수가 그렇게 많음에 매우 놀라워했다. 자기 대학은 외국인 교수가 20여 명밖에 없는데 하면서 매우 관심 있는 표정으로 자세히 물었고, 그 외국인 교수 중 몇 분이라도 교환교수로 자기 대학과 교류하면 좋겠다고 했다.

그래서 귀 대학과 우리 대학이 자매 관계를 맺고 교수 교환과 학생 교류를 제안하기 위해서 방문했다고 했더니, 즉시 좋다고 하면서 빠른 시일 안에 시행하자고 했다. 빠른 시일 내에 절차를 밟아 자매 관계를 맺자고 하고, 절차를 양 대학의 외사처장에게 위임하기로 했다.

다음 날 우리 학생들이 도착하여 그들이 하는 사역을 격려하고, 우리 일행은 위구르족들이 사는 지역과 그들이 소개하는 관광지를 돌아보고 버스로 고비사막을 거쳐 돌아오게 되었다. 고비사막은 중국과 몽골에 걸쳐 있는 아시아에서 가장 큰 사막이라고 했다. 고비라는 말은 몽골어로 '황무지'라는 뜻이다. 고비사막은 암석과 모래사막으로 되어 있는데, 자동차로 한없이 달려도 계속 사막이 이어졌다. 우리는 도중에 모래산에서 미끄럼 썰매를 타면서 즐거운 시간을 갖고 시안까지 왔다. 시안(서안)에서는 진시황릉과 병마용을 관광하고 11일간의 여정을 마치고 비행기로 돌아왔다.

그 후 신장대학과 자매 관계를 맺고, 우리 대학 교수 부부가 신장

대학에 가서 영어를 가르쳤다. 그 대학에서는 교수는 오지 않고 학생들만 와서 공부하게 되었다. 우리 대학에서 간 교수 부부는 그곳에 가서 잘 적응하며 1년간 강의를 마치고 돌아왔는데, 우리 학교에 온 위구르족 학생들은 우리 대학에 적응하는 것을 매우 힘들어했다.

그들은 영어와 한국어를 전혀 못했고 한어만 할 수 있었다. 음식도 적응을 하지 못해 결국 중도에 포기하고 되돌아갔다. 우리 대학에서는 2년 차에도 교수 한 분이 가서 1년을 봉사하고 왔는데, 신장대학에서는 교수나 학생이 이곳에 자원하는 사람이 없어 결국 더 진행되지 않았다.

우리가 위구르족의 생활 양식이나 언어, 특별히 음식 등에 대해 자세히 검토하고 준비하고 시작했어야 하는데 미숙한 부분이 있었다고 생각되었다. 무엇보다도 YUST의 시설이 점점 낙후되어서 그들에게는 많이 불편했을 것이라 추측된다.

탈북자 사역

당시 밤에는 불법으로 두만강을 건너 먹을것을 구하기 위해 오는 탈북자들이 많이 있었다. 교직원 집으로도 찾아오고 학교 사무실로도 찾아와 주로 돈을 요구했다. 당시 탈북자는 몰래 중국으로 넘어와 양식을 구하고 다시 북한의 가족에게 돌아가는 경우가 많았다.

문제는 너무나 많은 사람들이 찾아와 교직원들이 개인적으로는 감당하기 힘들어졌고, 또한 신변의 안전 문제 때문에 학교 차원에서 탈북자들이 찾아오거나 만나면 학교 외사처로 알리도록 했다. 물론 이들을 쫓아내려고 하는 것이 아니라, 돕기 위해 학교에 알리는 것이었다.

그들 중에는 중국 사람인데 돈을 받기 위해 가짜 탈북자 행세를 하는 경우도 있었다. 외사처에서는 이를 확인하고 탈북자인 경우에는 얼마간의 돈을 주어 지원해 주었다. 나도 여러 번 사무실에서, 집에서 혹은 교정에서 그들을 만났다. 그때마다 그들이 어디서 언제 어떻게 왔는지, 친척들이 이곳에 있는지, 가족 상황 등을 자세히 물어보고 탈북자라는 확신이 가면 학교 식당으로 데리고 가서 식사를 하고 얼마간의 돈을 주었다.

그들 대부분은 북한으로 돌아가기 싫어했고, 이곳에 정착할 수 있도록 도와달라고 부탁하기도 했다. 참으로 어떻게 안내하는 것이 최선인지 하나님의 뜻을 구하며 안타까워했다.

현지 조선족 사역자를 통해 오래전 탈북하여 현지 한족과 결혼한 한 자매를 알게 됐다. 그녀는 예수 믿고 변화되어 탈북자들을 위한 사역을 하고 있었다. 처음에는 보안상 외국 사람을 만나지 않겠다고 하여 거절당했다가, 여러 차례 소개하는 가운데 그녀를 만나게 되었다. 그는 우리가 사는 연길에 살지 않고 좀 떨어진 다른 곳에 살고 있었다.

처음에는 만나도 사역에 대한 이야기는 하지 않고 식사하고 서로 소개하는 시간을 가졌다. 그 후 몇 차례 만나 교제하면서 조금씩 사역에 대한 이야기를 했다. 그녀는 북한 사역은 한국이나 외국에서 온 사람들은 할 수 없다고 했다. 자기들처럼 그곳에서 자라 그곳의 상황을 잘 아는 사람들이 해야 한다고 강조했다.

그녀는 많은 사람을 상대로 사역하지 않고, 북에서 온 형제자매들만 만났다. 그들 중 가능성 있는 한두 명에게 집중적으로 복음을 전하고 훈련시켜 다시 북한으로 보낸다고 말했다. 당시 그녀는 두 명의 자매를 훈련시키고 있었다. 이 사역은 그들이 북한으로 돌아가 사역하며, 또 다른 사람들을 중국으로 보내 같은 방법으로 훈련시키는 방식이었다.

나는 훈련 현장을 방문하여 그녀의 열정적인 기도와 훈련하는 모습을 보고 감동을 받았다. 나는 그들에게 성경에 나오는 이름을 따서 각각 이름을 지어주고, 그 구원의 역사가 지속되어 그 땅이 변화되고, 기아와 고난이 사라지고 하나님께 귀하게 쓰임 받게 되기를 기도했다.

그중에 한 자매 루디아가 훈련을 받고 밤중에 두만강을 건너 들어가게 되었다. 그 자매가 북한에 들어가서 할 사역을 위해 여러 가지를 검토했다. 자매는 장사에 관심이 있었고 청진이 고향이었는데, 헌 트럭을 사서 해당 기관에 맡기면 트럭을 이용해 여러 지역을 방문하며 자연스럽게 사역할 수 있다고 제안했다. 그래서 트럭을 구입하기 위한 모금을 하게 되었다.

또한 현지 사역자와 나의 동역자가 주축이 되어, 북쪽에서 넘어오는 사람들의 거처와 일자리를 위해 국수 공장을 설립하고자 했다. 다행히 한국에서 내가 잘 알고 협력하는 목사님을 통해 G 교회의 지원을 받아 트럭과 국수 기계를 구입하여 작은 사업체를 만들 수 있었다. 그들을 위해 파송 예배를 드리며 간증도 듣고 간절히 함께 기도한 후에, 한밤중에 그들을 떠나보냈다.

다시 죽음의 땅으로 들어가는 그들을 보면 눈물이 앞을 가렸다. 어렵게 탈출해서 온 그들인데, 이곳에서 좀 더 편한 삶을 누릴 수도 있었지만 그들은 되돌아갔다. 복음을 위해서…

나선 어린이 집 사역

북한은 홍수 피해로 어려움을 겪은 후, 외국 자본을 유치하여 경제를 발전시키기 위해 두만강 하류에 있는 나진선봉 지역을 경제 특구로 지정했다. 김진경 총장은 북한 어린이와 그들이 겪는 고난에 큰 관심을 가지고 있었기에, 나진선봉 지역 고아들을 돕기 위한 사역을 계획했다. 마침 한국의 곽선희 목사님이 시무하시던 소망교회의 지원을 받아 건물을 짓게 됐다. 약 500여 명을 수용할 수 있는 식당과 교실을 비롯해 여러 가지 시설을 갖춘 현대식 건물이었다. 고아 양육을 목표로 세웠지만, 북한 쪽에서 북한에는 고아가 없다고 주장하여 나진선봉의 이름을 따서 '나선 유치원'을 개원했다. 우리 부부도 이 사역에 적극적으로 참여했다. 캐나다에서 우리 대학에 사역자로 오신 한 분을 나선 유치원을 전담하게 했다. 그는 그곳을 오가면서 음식은 물론 모든 부식 재료, 의복과 학용품 일체를 매달 중국에서 구매하여 유치원을 운영했다. 그래서 이 지역에 사는 북한 사람들은 자기 자녀들을 이 유치원에 보내고 싶어 했다. 나는 부총장으로 있으면서, 기회 있을 때마다 방문하여 상황을 점검하고, YUST 신앙 공동체의 헌금을 통해 지원했다.

이 사역은 주위에 있는 다른 지역에까지 소문이 났다. 그래서 다른 지역 지방 관리들이 YUST를 방문하여 자기 지역 어린이들도 지원해 달라고 요청했다. 그래서 유치원 사역의 범위를 조금씩 넓혀 다른 지역 어린이들에게도 지원했다. YUST의 재정은 한계가 있어 많은 고민도 있었지만, 이 사역이 한국과 미국 등 많은 후원자에게 알려지면서 계속 확대해 갈 수 있었다. 그래서 나선유치원을 포함하여 북한 어린이 돕기 운동이 본격적으로 시작됐다. 나는 전체적인 사역의 책임을 맡고 우리 대학 졸업생 중 이 일에 관심 있는 한 형제를 선별하여, 식량과 옷과 학용품 등을 수시로 두만강 변의 소도시 온성군, 경원군, 회령시, 백두산 근처의 대홍군단, 양강도의 혜산시, 함경북도의 청진시와 길주까지 확대 보급해 나갔다.

이런 북한 어린이 돕기는 한국의 대기업도 동참했다. 고급 아동복을 판매하면서 성공한 한국 이랜드(E-Land) 회사의 중국 현지 법인을 통해 반품된 아동복을 대량 기증받아 북한에 전달하기도 했다. 그런데 처음에는 이랜드 회사의 상표가 미국 국기와 비슷하다고 받지 않겠다고 연락이 왔다. 그래서 YUST 교직원 사모님들과 유효한 인력들을 동원하여, 이랜드 회사의 상표를 제거하고 옷을 종류와 크기별로 분류하여 재포장 작업을 했다.

참으로 북한을 돕는 것은 쉽지 않은 일이다. 물질과 열정만 있다고 되는 것이 아니다. 중국과 북한의 여러 가지 행정적인 문제뿐만 아니라, 인력 동원도 큰 문제였다. 티셔츠에 영어가 있어도 안 되고, 옷의 라벨에 'Made in Korea'가 있어도 안 됐다. 또한 너무 큰 사이즈의 옷은 북한 사람들의 체형에 맞지 않기 때문에 제외했다. 물론 도로 사정이 좋지 않아서, 이를 전달하는 문제도 고려해야 했다. 이런 모든 제약이 사라지고, 마음껏 그들과 소통할 수 있는 날이 올 수 있기를 간절히 희망한다.

연변과기대 30주년기념 『빛으로 사랑으로』 기고 글

YUST 신앙 공동체는 초대교회의 모습을 연상케 하는 아름다운 공동체였다고 생각한다.

"그러므로 너희는 가서 모든 민족을 제자로 삼아 아버지와 아들과 성령의 이름으로 세례(침례)를 베풀고 내가 너희에게 분부한 모든 것을 가르쳐 지키게 하라 내가 세상 끝날까지 너희와 항상 함께 있으리라 하시니라"_ 마28:19-20

YUST는 주님의 지상명령에 순종하고 섬기기 위해 전 세계 13개국 이상의 나라에서 온 500여 명의 믿음의 사람들이 모여 이룬 신앙 공동체이며, 사랑으로 하나가 된 공동체였다. 이 공동체의 모체인 연변과학기술대학(Yanbian University of Science and Technology)은 설립자, 김진경 총장이 기독교 신앙과 그의 사랑주의 정신을 기반으로 세운 중국 최초의 중외 합작 대학이었다. YUST 공동체 회원들은 모두 신실한 기독교인들로 국적과 언어와 문화가 달랐지만, 늘 하나 된 모습으로 각각 맡겨진 은사에 따라 학생들을 가르치고, 기회가 있을 때마다 복음을 전하며 기도하며 서로를 격려하며, 지역사회를 섬기며 함께한 아름다운 동역자들이었다. 초대교회와 같이 우리 공동체에서도 여러 가지 모습으로 자주 모여 예배하며, 기도와 찬양 그리고 음식을 나누며, 교제하고 격려하는 시간은 잊을 수가 없다.

> "믿는 무리가 한마음과 한 뜻이 되어 모든 물건을 서로 통용하고 자기 재물을 조금이라도 자기 것이라 하는 이가 하나도 없더라 사도들이 큰 권능으로 주 예수의 부활을 증언하니 무리가 큰 은혜를 받아"_ **행4:32-33**

사도행전의 말씀에 비추어 우리 공동체의 모임들을 기억해 본다면, 주일 예배는 한국어권과 영어권으로 나누어 예배를 드리다가 한 달에 한 번은 이중 언어로 연합예배를 드렸다. 예배 때마다 정성들여 준비한 찬양, 서로 돌아가며 설교와 순서를 맡아 화장터 자리에 세워진 교회에서 드린 감동적인 예배, 매일 새벽기도회, 주일 저녁기도 모임, 전체 교직원을 지역별 혹은 학부 중심으로 나누어 각 가정을 순방하며 드린 구역 모임, 학부별 교수 기도 모임, 등을 통하여 교제하며 음식을 나누며 격려하며 함께 삶을 나눈 생활은 너무나 좋고 아름다운 초대교회의 모습으로 기억된다.

우리 YUST가족들의 복음 전도 사역을 통하여 많은 학생이 변하고, 지역 주민들이 변하고, 강 건너 북녘땅에 이르기까지 영향을 미치고, 수많은 어린이와 고아들을 지원했다. 한편 PUST를 세우고 그 땅의 젊은이들까지 가르치고 섬길 수 있었던 것은 전적으로 하나님의 은혜이며 축복이었다고 생각된다. YUST 공동체 가족 모두가 사도행전 1장 8절의 말씀 "오직 성령이 너희에게 임하시면 너희가 권능을 받고 예루살렘과 온 유대와 사마리아와 땅 끝까지 이르러 내 증인이 되리라" 하신 말씀에 순종하여 함께 사역한 사역 현장이었다고 생각된다.

공동체 회원들은 대학에서 급여를 받지 않고, 모두 각자의 교회나 단체 혹은 친구들의 후원금을 한국 후원회로 보내, 그 기금을 매달 학교로 보내서 월급을 받는 형식으로 생활하고 있기 때문에 재정적으로 어려운 분들도 있었다. 감사한 것은 교직원 중 재정적으로 좀 여유가 있는 분 중에서 때때로 어려운 교직원들을 돕도록 지정 헌금하는 분들이 있어 감사하게도 초대교회의 모습을 연상케 하는 일도 있었다. 한번은 중국에서 성공한 사업가 한 분이 방문했는데, 대화 중에 이 대학에 근무하는 외국인들은 모두 학교나 정부로부터 사례비를 받지 않고, 자비량으로 봉사한다는 말을 듣고는 놀라면서, 자기는 잘 이해가 되지 않는다고 했다. 물론 이 사업가는 믿는 분이 아니었기 때문에 잘 이해할 수 없었지만, 자신도 교직원들을 돕는 일에 참여하고 싶다며 매달 2만 위엔(약2,500달러 정도)씩 공동체에 보내주었다. 그래서 재정적으로 어려운 약20여 명의 교직원들을 수년간 도와줄 수 있어 감사했다. 이러한 공동체 회원들의 헌신적인 가르침과 사랑을 통하여, 입학할 때는 복음을 전혀 들어 보지 못한 학생들이 복음으로 변화를 받아 믿음으로 구원받고, 하나님의 자녀로 대학을 졸업하는 모습을 보며, 하나님의 은혜를 감사하며 함께 기뻐하던 공동체 가족들의 모습이 그리워진다.

16.
평양과학기술대학(PUST)와 고아원 지원사역

평양과학기술대학(PUST)의 설립과 건축

우리 부부가 연변과학기술대학(YUST)에서 사역을 시작한 지 얼마 안 된 2001년 초 어느 날, 평양에서 김진경 총장에게 대표단이 찾아와 평양에도 연변과학기술대학과 같은 대학을 세워 달라고 요청했다. 김 총장은 한때 북한 젊은이들을 위해 대학을 세우고자 기도했지만, 북한에서 간첩으로 간주되어 사형 선고까지 받고 억류된 적이 있었다. 하지만 감사하게도 하나님의 은혜로 기적적으로 42일 만에 풀려났다. 불과 2년 전에 자신을 죽이려 했던 북한이 김진경 총장에게 이런 요청을 한다는 것은 상상할 수 없는 일이었다. 북한 주요 관리들은 중국의 성공적인 개혁·개방을 배우기 위해 중국을 방문하게 됐고, 그때 중국 관계자가 중국식 사회주의 국가 안에 세워진 개혁·개방의 성공적인 사례로 연변과기대를 소개한 것이다.

김 총장은 지체하지 않고 직접 평양을 방문해 몇 차례 고위층과 협의 끝에 2001년 3월 1일 평양 정보과학기술대학이라는 이름으로 설립 인가를 받았다. 연변과기대의 후원 재단인 한국 동북아 교육문화협력재단(이사장 곽선희)의 이름으로 통일부의 남북 교류 사업으로 승인받아 합법적으로 모든 것을 진행했다. 그리고 한국 인천공항 건설에도 참여한 이름 있는 정림 건축의 설계로 본격적인 대학 건설 작업을 시작했다. 당시 연변과기대의 부총장이던 나도 김 총장과 함께 몇 차례 평양을 방문해, 평양 관계자들과 대학 건설에 대한 협의에 참여하고, 대학 부지를 선정할 때도 함께 돌아봤다.

한번은 평양 관계자들과 정림 건축이 준비한 설계도를 가지고 최종 확정을 위한 토의를 위해 방문했다. 호텔에서 아침에 김 총장이 나에게 오늘은 중요한 문제를 토의할 터이니 특별히 하나님께 지혜를 주시도록 기도를 부탁했다. 당일 북한의 교육성과 건축 전문 관계자들은 전체적인 설계에 대해서는 만족한다는 뜻을 표하며, 캠퍼스 안에 영생탑('위대한 수령 김일성 동지와 김정일 동지는 영원히 우리와 함께 계신다'라고 적힌 탑)도 건설해야 하니 이에 대한 설계도 부탁한다고 요청했다. 북한에서는 전국 주요 도시와 기관에 반드시 영생탑을 건설해야 한다고 했다. 나는 하나님께 김 총장에게 지혜를 주시도록 간절히 기도했다. 김 총장은 영생탑 설계와 공사는 북쪽에서 설계하고 시공해야지, 영생탑의 중요성과 내용을 모르는 남쪽 사람들이 설계하고 시공하다가 조금이라도 잘못되면 누가 책임질 것이냐고 되물었다. 그러므로 다른 모든 설계와 시공은 우리 쪽에서 담당하지만, 이 부분만큼은 당신들이 담당하는 것이 좋겠다는 의견을 제시했다.

그 말을 들은 그들은 서로 얼굴을 쳐다보며 이해가 됐는지 그 부분은 자기들 쪽에서 담당하겠다고 하여 잘 마무리했다. 순간마다 하나님의 지혜와 인도하심이 필요했기에, 더욱 기도하며 일을 진행했다.

대학 건설 부지는 대동강을 건너 개성으로 가는 국도에서 원산으로 향하는 분기점 근처의 요지였다. 나중에 알게 되었지만 그 부지는 군부대가 사용하는 중요한 땅인데, 평양과기대를 위해 최고 지도자의 결단으로 군부대를 옮기기로 하고 허락됐다는 것이다. 인간적으로는 도저히 상상할 수 없는 일들이 계속되면서 이 프로젝트는 진행됐다. 북한식 사회주의 국가 안에 자본주의 국가의 사람들이 대학을 세우고 그 땅의 젊은이들을 가르친다는 것은 너무도 놀라운 일이다. 오직 하나님의 뜻 안에서 하나님의 방법으로 하나씩 일들이 진행됐다.

2002년 6월 12일, 역사적인 대학 건설 착공식을 하고 작업을 시작했다. 총부지 24.7 에이커(약 100,000m²)의 대지에 약 19.8 에이커(80,000m²)의 대형 프로젝트였다. 북한의 청년 돌격대 노동자 700여 명이 동원되어 부지에 막사를 세웠고, 모든 장비와 자재는 중국에서 가져다가 공사를 시작했다. 연길에 있는 중국 항달 건설회사의 직원들과 중국 노동자 80여 명이 동원되어, 북한 노동자들과 함께 공사를 진행했다. 물과 모래, 자갈을 제외한 모든 벽돌이나 시멘트, 철근, 못까지도 중국에서 조달하여 공사를 했기 때문에, 쉽지 않은 공사였고 물류 비용도 많이 들었다. 일부 한국 사람들은 평양과기대 건설이 시기상조라고 말하며, 김 총장의 사상을 의심하고 오해와 부정적인 견해를 가지고 비판하는 사람들도 있었다. 연변과기대를 건설할 때도 부정적인 시각을 가지고 반대하는 사람들이 있었지만, 김진경 총장은 믿음과 결단력으로 추진했다.

그런데 놀랍게도 평양과기대 공사를 하는 중에 종탑이 발견됐다. 역사학자들의 고증에 의해 옛 조선 말기 영국의 로버트 토마스(Robert Thomas) 선교사 순교 기념교회가 있던 자리임이 밝혀졌다. 일찍이 이 땅에 복음을 전하기 위해 배를 타고 왔던 한 순교자를 기념하기 위해 세운 교회가 있던 자리에, 믿음의 후손들이 대학을 세운다는 것은 너무도 의미 있는 일이라서 하나님의 놀라운 섭리에 전율을 느끼지 않을 수 없었다.

평양 정보과학기술대학으로 시작한 대학의 이름을 2003년 12월에 평양과학기술대학(Pyongyang University of Science and Technology, PUST)으로 바꾸고 대학원 중심 대학으로(북한에서는 박사원이라고 부름) 시작했다.

2004년 10월에는 YUST 안에 PUST 설립을 위한 프로젝트팀을 구성하고 건축, 학사, 후원, 홍보 등 PUST 개교를 준비하는 구체적인 계획을 분야별로 준비하며 기도했다. PUST의 교수진은 한국과 미국을 비롯한 세계 각국의 교수, 학자, 과학자들로 구성하고 허가받은 지 8년 만인 2009년 9월 16일에 PUST의 준공식과 김진경 총장에 대한 공동 총장 임명식이 있었다. 개교식에는 세계 7개국에서 온 200여 명이 참여하고 '농업생명 식품공학부', '정보통신공학부', '산업 경영공학부' 대학원 과정에 100여 명의 북한 학생들이 참여하여 선진 학문을 가르치게 됐다. 이 일은 북한을 수없이 왕래하면서 남북 교류와 대학 설립을 위해 최선의 노력을 다했던 김진경 총장과 연변과기대 교직원들이 사회주의 국가인 중국에서 모범적으로 헌신한 결과였다. 무엇보다 이 모든 일을 이루어 가시는 분은 하나님이시며 그의 전적인 인도하심과 섭리 가운데 이루어진 것이었다.

"사람이 마음으로 자기의 길을 계획할지라도 그의 걸음을 인도하시는 이는 여호와시니라" _ 잠 16:9

계속된 나선 유치원과 고아원 지원사역

연변과기대는 2000년 가을부터 서울 소망교회의 지원을 받아 나선유치원을 세우고 어린이들을 지원하고 있었다. 이 사역은 두만강 근처 북한 리더들의 요청과 남한의 후원자, 교회들의 관심과 후원금이 늘어나면서 점점 확장해 나갔다. 그러던 어느 날 평양에서 온 변방의 북한 관료들이 연변 과기대로부터 받는 지원을 중단시켰다. 이 문제를 해결하고자 평양 관료들을 만났다. 그들은 북한 변방보다 평양 이남의 황해도와 강원도 지역이 더 어려운 곳이기에 형평성 문제로 중단시켰다고 말했다. 그러고는 평양을 중심으로 황해도나 강원도 지역의 어린이들도 지원할 수 있는지 물었다.

지원 물자는 한국 동북아교육문화협력재단 후원자들의 후원금으로 마련됐다. 하지만 후원금 규모의 한계로 북한 전 지역의 어린이들을 모두 지원할 수는 없었다. 그래서 우리는 북한 측에 우선적으로 부모가 없는 어린이들을 돕고 싶다는 뜻을 전했다. 또한, 지원 물자가 제대로 전달되는지 확인하고자 미국 국적자가 해당 지역을 방문하여 사진을 찍을 수 있도록 허용해 달라고 요청했다. 기존에 후원받던 어린이들도 후원금이 허락하는 범위 내에서 계속 지원할 수 있도록 해 달라고 요청했다. 그러나 북한 측은 나선 유치원 지원을 제외한 나머지 요청은 허락할 수 없다고 명확히 밝히며, 당분간은 새로운 남쪽 지역을 우선적으로 지원해 달라고 역으로 요청했다. 결국, 이러한 논의를 바탕으로 효과적인 지원 진행을 위해 양측은 합의 문서를 작성했다. 북한을 '가측'이라 하고 지원하는 협력 단위를 '나측'으로 하여 다음과 같은 내용으로 합의서를 작성했다.

1. 나측은 어린이들의 성장 발육에 필요한 식료품과 의약품(우유가루, 밀가루, 쌀, 강냉이, 상용 의약품, 비타민 등)과 생활 용품(학용품, 의복류, 비누 등)을 가측이 지정하는 어린이 교육 기관에 기증한다.
2. 어린이 교육 기관의 시설과 비품 개조 또는 교체가 필요한 경우, 호상(서로) 협의하여 후원한다.
3. 가측은 나측이 제공하는 기증 물자의 정확한 접수, 이용을 객관적으로 보여주는 사진 등 확인 자료와 인수 확인서를 나측에 제출한다.
4. 가측은 기증 물자의 접수와 전달 및 분배 과정을 원활하게 하

고자 합의되는 시기에 기증자들을 초청하고 후원받은 학원에 대한 참관을 조직한다.

5. 본 합의서에 명시되지 않은 사항은 양측이 협의하여 실행한다.

당시 대외적으로 한국동북아교육문화협력재단의 중국 사무실 대표 직책과 평양과학기술대학(PUST)의 대외 부총장 직책을 가진 내가 합의서에 서명했다. 일반적으로 국가 간 협약을 할 때는 상호 규칙이 있다. 즉, 계약 주체는 상호 간에 동등해야 했다. 북한이 계약 주체가 대학이면 우리도 대학이 되어야 하고, 민간이 주체이면 그에 걸맞은 계약 주체와 합의해야 했다. 그래서 북한에서는 정부 기관이 정부 기관이 아닌 외부 단체와 협약을 하는 것은 안 됐기 때문에 북한의 어린이들과 학원을 지원하는 기관인 북한의 "조선교육후원기금"과 합의하고 서명했다.

일반적으로 북한은 고아가 없다고 주장하기에 '고아'라는 말은 사용하지 않는다. 그래서 '고아원'이라 하지 않고 '학원'이라고 부른다. 국가가 이들을 책임지고 키우기 위해, 0~4세까지는 육아원, 5~6세까지는 애육원, 7~10세까지는 초등 학원, 11~17세까지는 중등 학원이라 했다. 17세가 넘으면 군대나 건설대에 가서 의무적으로 10년을 봉사해야 했다.

합의서에 쌍방이 서명한 후, 방문단이 제일 먼저 안내받은 곳은 평양 시내에 위치한 애육원이었다. 이곳에는 남한의 유치원 연령대(5~6세)에 해당하는 약 350여 명의 어린이들이 있었다. 안내자와 함께 모든 시설을 둘러본 후 어린이들의 율동도 참관할 수 있었다. 전반적으로 시설과 어린이들의 놀이 기구, 그리고 영양 상태는 비교적 양호해 보였다. 평양 시내에 있는 기관인 만큼 외부의 후원을 많이 받는 듯한 인상을 받았다.

그래서 관계자에게 평양 시내에 위치한 시설보다는 지방의 어려운 상황에 있는 기관들을 소개해 달라고 부탁했고, 다음으로 소개받은 곳은 평양 시내 변두리에 있는 초등 및 중등 과정이 함께 있는 학원이었다. 약 800여 명의 어린이들이 있는 이 학원은 한쪽에 숙소가, 다른 한쪽에는 교실들이 자리하고 있었다. 숙소와 식당, 교실 등을 안내받아 돌아본 후, 공부하고 있는 교실로 안내되어 학생들과 잠시 인사하고 대화하는 시간을 가졌다. 다만 이곳의 숙소와 식당 시설은 전반적으로 낡아 보였으며, 특히 화장실과 목욕 시설은 매우 열악한 상태였다.

평양 시내 애육원을 방문한 후, 우리 일행은 황해북도 황주군 황주읍에 위치한 초등 및 중등 학원을 안내받았다. 이곳은 약 1,200~1,300여 명의 어린이들이 생활하는 대규모 시설이었으나, 모든 숙소의 바닥과 침구류가 매우 낡았고, 식당이 비좁아 식사 시간에 어린이들이 여러 그룹으로 나뉘어 식사해야 하는 어려움이 있었다. 이어서 황해북도 사리원시에 있는 약 450명 규모의 애육원을 방문했으며, 이곳 역시 다른 곳과 마찬가지로 열악한 환경을 가지고 있었다.

우리는 각 학원을 방문할 때마다 원장들과 만나 가장 시급하고 필요한 것이 무엇인지 물었다. 모든 요구사항을 다 지원할 수는 없기에, 재정이 허락하는 범위 내에서 우선순위를 정하여 지원했다. 가장 먼저 먹는 것, 입는 것, 약품, 그리고 숙소에 필요한 물품들을 중심으로 지원했으며, 학용품과 식당 용품 등은 다음 순위로 배정됐다. 물자를 효과적으로 지원하고자 각 학원에 남녀 어린이의 숫자와 연령을 요청하여 맞춤형으로 지원했다.

그동안의 경험을 통해 평양에서 멀리 떨어진 지방일수록 상황이 더 열악하다는 사실을 알게 됐다. 이에 강원도 원산 지역의 학원들을 소개해 달라고 요청하여 원산을 방문했다. 원산에서는 0세부터 4세까지의 육아원(약 550명), 애육원(약 450명), 초등 학원(약 800명), 중등 학원(약 1,100명), 그리고 원산 북쪽에 위치한 문천시의 학원(약 250명)을 소개받았다. 다만, 그들이 제시하는 숫자 정보를 완전히 신뢰하기 어려워 방문할 때마다 원생 수 변동 여부를 재차 확인하며 지원 활동을 이어갔다.

과거 1997년 대홍수 직후에 방문했을 때와 비교했을 때, 원산 지역은 많은 변화를 겪었음을 확인할 수 있었다. 가장 길다고 알려진 마식령의 무지개 터널도 깔끔하게 정리되어 소통이 원활했고, 원산 사람들의 모습 또한 활기차며 전기 사정도 상당히 개선된 인상을 받았다. 특히 원산의 송림원은 바닷가에 소나무 숲과 아름다운 백사장이 펼쳐져 있었고, 동남쪽으로 약 4km에 달하는 '명사십리' 해변은 씨름판 모래처럼 매우 고와 인상적이었다.

우리는 학원들의 요청 물자 중에서 자체적으로 정한 우선순위에 따라 품목을 분류했다. 식량으로는 밀가루, 강냉이, 콩기름 등을,

생활 필수품으로는 세탁에 필요한 세제, 계절에 맞는 겉옷과 내복, 신발 등을 선정하여 약 6천 명의 고아들에게 정기적으로 지원했다. 때로는 치약, 칫솔, 비누, 회충약, 비타민, 태양광 전등, 담요 등의 물품도 추가적으로 지원했다. 이 중 태양광 전등은 낮에는 햇볕이 잘 드는 창가에 놓아두었다가 밤에 전등으로 사용할 수 있어 특히 인기가 많았다. 또한 빨래용 가루 비누는 각 학원 직원들이 매우 선호하는 품목이었다. 이전에는 옷을 물로만 세탁하여 어린이들에게 피부병이 발생하기도 했다는 설명을 들은 적이 있다. 이 세제는 중국에서 저렴하게 구매할 수 있었고, 식량을 보낼 때마다 학원 원생 수에 맞춰 배분됐다.

물자 발송 후에는 나와 동료 직원들이 각 학원을 직접 방문하여 물자를 확인하고 사진을 찍었으며, 물자 인수 확인서도 받았다. 다음 지원 시 특별히 필요한 것이 있는지 묻기도 했다. 물자를 주문하여 전달하고 확인하는 데까지는 대략 2개월이 소요됐으며, 보통 1년에 5~6회 정도 정기적으로 후원했기에 실질적으로 1년 내내 어린이들을 위해 물자들을 보낸 셈이다.

그 외에도 우리는 장판을 지원하는 활동을 펼쳤다. 지원하는 모든 학원의 숙소 바닥에 깔린 비닐장판이 너무 낡아 넝마 조각처럼 덕지덕지 붙어있었고, 심지어 곰팡이가 피어 있는 곳도 많았다. 이에 우리는 정기적으로 지원하는 모든 학원의 숙소 바닥을 한 곳씩 점진적으로 교체했다. 중국에서 구할 수 있는 최상품 장판이 한국 제품이었는데, 겉면에 원산지 표시가 없어 이를 구매하여 어린이 숙소 바닥을 새롭게 단장했다. 바닥을 새로 단장하자 환경이 확연히 달라져 보였고, 어린이들도 방에서 놀기를 더욱 좋아하게 되어 학원 원장과 직원들 모두 만족했다.

Feed The Children과의 동역

북한의 어려운 상황은 전 세계에 알려졌고, 특히 북한 어린이들을 돕는 일에는 동서양을 막론하고 많은 이들이 적극적으로 참여하고 있었다. 2014년 초, 미국 오클라호마에 본부를 둔 자선 단체인 Feed The Children(FTC)이 김진경 총장님과 나를 본부로 초청했다. FTC는 전 세계 가난하고 열악한 지역 어린이들에게 식량과 필수 물자를 지원하는 단체다. 우리는 회장을 비롯한 임원들이 모인 자리에서 그동안 진행해 온 사역 내용과 방법을 소개하고 질의응답 시간을 가졌다. 이 자리에서 FTC 측은 북한 어린이들에게 필요한 식량과 물자를 지원하고 싶다는 뜻을 전했다. 그들은 어린이 성장에 필요한 영양소가 고루 포함된 '바이타 밀'(Vita Meal)이라는 영양 가루를 주로 공급했는데, 이는 밥이나 죽으로 만들어 먹을 수 있어 간편하면서도 영양이 풍부한 식사 대용품이었다. FTC는 지원 활동의 일환으로 어머니가 한국인인 직원 코리(Corey G.)를 파견하여 우리와 함께 학원들을 방문할 수 있도록 요청했다.

처음으로 FTC가 지원한 물량은 바이타 밀 영양 가루 두 컨테이

너에 달하는 매우 많은 양이었다. 이 영양 가루가 북한에 도착하여 각 학원에 성공적으로 배달된 것을 확인한 후, 2014년 7월, 코리(Corey)와 함께 평양과학기술대학교(PUST)를 먼저 방문해 북한 관계자들과 구체적인 일정을 논의했다. 하지만 코리(Corey)가 미국인이었기에 지방에는 동행할 수 없다는 문제가 발생했다. 이에 우리는 그의 외모는 미국인처럼 보이고 영어밖에 할 줄 모르지만 어머니가 한국인이니 '한국계 미국인(Korean American)' 으로 간주하여 반드시 동행해야 한다고 강력히 요구했다. 결국 북한 측은 이러한 상황을 상부에 보고하고 승인을 받아 우리가 정기적으로 지원하는 지방 학원들을 모두 함께 돌아볼 수 있게 됐다. 현장에서는 바이타 밀로 만든 밥을 직접 시식하고 학원 관계자 및 아이들의 반응을 들으며 각 학원을 둘러봤다.

이전에도 언급했듯이, 많은 아이들의 옷을 세탁하는 것은 무척이나 힘들었다. 우리가 꾸준히 세제를 지원하고 있었지만, 이를 처리할 인력 부족 소식을 들은 FTC는 대형 세탁기와 건조기를 아이들이 많은 몇몇 학원에 지원해 주었다. 이렇게 우리와 함께 사역을 이어가던 FTC는 유엔 기구 중 하나인 유니세프(UNICEF)처럼 자신들도 평양에 사무실을 개설하여 북한에 직접적이고 광범위한 지원을 하고 싶다는 의사를 밝혔고, 이를 북한에 정식으로 요청했다. 하지만 아쉽게도 이러한 요청은 허락되지 않았다.

홍수 피해 지역 지원

북한은 산림 황폐화로 인해 매년 장마철마다 홍수 피해가 빈번하게 발생했다. 1990년대 '고난의 행군' 시기에는 식량난으로 벌목이 성행하고 심지어 나무껍질로 연명해야 할 정도로 상황이 열악했다는 이야기도 들었다. 우리는 제한된 인력과 재정적인 한계로 모든 수해 지역을 도울 수는 없었기에, 피해가 큰 지역들을 우선적으로 지원했다. 한 번은 황해남도 봉천군 일대가 큰 홍수로 학교 지붕과 벽이 무너지는 피해를 입어 지원 요청을 받고 현장을 방문했다. 넓은 평야 지대에 위치한 초·중등학교였는데, 많은 주택과 학교가 물에 잠겨 있었고, 학교 건물은 사용할 수 없는 상태로 방치되어 있었다. 당시 학교는 교실을 사용할 수 없어 마을회관을 빌려 학생들을 배정하고 선생님들이 마을회관을 순회하며 가르쳤다. 봉천군 교육 담당자와 교장 선생님은 학교 복구를 위한 목재와 시멘트 지원을 요청했지만, 우리는 이러한 품목들을 지원할 수 없었다. 제한된 재정 때문에 기존에 해오던 일과 선택적인 지원에 집중할 수밖에 없었기에, 아쉽지만 밀가루와 담요만을 지원할 수 있었다.

또 다른 사례로는 평안남도 청천강 하류 지역에 있는 안주시 근처 마을의 초·중·고등학교에서 홍수 피해가 크다는 지원 요청을 받아 방문하게 된 경우다. 청천강은 평안남도와 평안북도의 경계에 흐르는 큰 강이지만, 하천 관리가 제대로 되지 않아 상류에서 밀려온 토사가 쌓여 하천 바닥이 높아지면서 비만 오면 일대가 범람하는 상황이었다. 안주시의 학교 역시 벽과 지붕이 무너져 학생들이 수업을 할 수 없었고 주민들도 큰 어려움을 겪고 있었다. 이곳에서도 건축 자재 지원은 어렵다는 판단하에, 밀가루와 담요 등을 지원했다.

태양열 온수기 설치 프로젝트

북한의 겨울철 학교와 유치원에서는 어린이들의 위생을 위해 많은 양의 더운 물이 필요했다. 하지만 큰 가마솥에 물을 데워 사용하는 방식으로는 한계가 있었다. 특히 빨래는 큰 고충이었다. 이에 우리는 내부 회의를 거쳐 태양열을 이용한 온수 공급 설비를 공급하자는 대안을 결정했다. 이는 큰 프로젝트였기에 평양의 중앙 관계 부서와 협의가 필요했다. 당시 평양 중앙 정부 차원에서도 태양열 관련 연구 개발을 국가적인 프로젝트로 추진하며, 관계 부서를 운영할 만큼 큰 관심을 보였다. 우리 일행 중 이 분야에 조예가 깊은 동역자 한 분과 함께 중앙 관계 부서를 찾아가 협의했다.

우선 원산에 있는 5~6세 어린이들이 생활하는 한 애육원에 시범적으로 지붕 위에 태양열 장치를 설치하고 가동하기로 합의했다. 당시 중국은 태양열을 이용한 난방 및 온수 처리 기술이 매우 발전되어 있었기에, 중국에서 모든 자재를 구입하고 평양 관계자들이 시범적으로 직접 설치 작업을 진행했다. 2014년 초에 모든 공사가 완료되고 순조롭게 작동된다는 소식을 들었다. 우리는 정기 방문 시 이를 점검하기로 했다. 그해 봄 방문했을 때 학원 직원들은 크게 만족했다. 과거 겨울에는 어린이들이 너무 추워 찬물로 세수를 잘 하지 않으려 했다. 이제는 깨끗하게 씻을 수 있게 되어 감사하다고 거듭 말했다. 또한 주변 사람들이 지붕 위에 전에 보지 못하던 장치들이 설치된 것을 보고 궁금해하며, 미국에서 온 동포들이 태양열을 이용하여 아이들이 따뜻한 물을 자유롭게 쓸 수 있게 해주었다는 사실에 신기해했다고 전했다.

이랜드(E-Land)의 의류 및 감자 지원

한국의 성실한 기독교인이 설립하여 고급 아동복 사업으로 성공한 이랜드(E-Land)는 중국 진출 후에도 큰 성공을 거두었다. 어느 날 상하이에 있는 이랜드 본사를 찾아가 중국 담당 회장에게 우리 대학에서 진행하는 북한 어린이 지원 사역을 소개하고 협력을 요청했다. 이에 이랜드는 매장에서 본사로 반품된 의류를 대량으로 보내주었다. 우리는 교직원과 학생들을 동원하여 종류별, 남녀별, 크기별로 분류했다. '미국 국기'와 비슷하다는 오해를 살 수 있는 회사 표식을 제거하는 작업을 진행했다. 그렇게 분류된 의류는 각 학원의 남녀 어린이 수와 크기에 맞춰 예쁘게 포장되어 지원 학원들에게 전달됐다. 학원 원장과 직원들은 우리가 지원하는 옷들이 원생들에게 맞는 크기와 숫자에 맞춰 제공되어 매우 만족했다. 다른 곳에서 물자를 받을 경우, 원아들에게 맞지 않는 경우가 많아 다른 지역으로 보내야 하는 번거로움이 있었는데, 우리 옷은 마치 맞춤옷처럼 아이들에게 잘 맞아서 매우 좋다고 칭찬했다.

우리는 학원들을 방문하여 어린이들이 옷을 입은 모습을 보고 사진도 찍었다. '옷이 날개'라는 말처럼, 예쁜 옷을 입은 아이들은 이전에 보던 모습과는 전혀 다른 아이들처럼 보였다. 그러나 대부분의 아이들이 영양 부족으로 인해 또래보다 키가 작고 왜소해 보여 안타까웠다. 15~16세 아이들이 10세 정도로 보일 만큼 발육이 부진한 경우가 많았다. 주로 아내와 함께 방문했는데, 우리의 잦은 방문으로 어린이들이 친숙해져 인사도 잘하고, 5~6세의 애육원 어린이들은 안아달라고 매달리기도 했다. 한 아이를 안아주면 다른 아이들이 몰려와 서로 안아달라고 조르는 모습에서 엄마 아빠의 품을 그리워하는 마음이 느껴졌다. 우리 일행이 떠날 때가 되면, 아이들은 유리창 밖으로 차가 보이지 않을 때까지 손을 흔들어 주었다. 힘든 일 속에서도 큰 보람을 느낄 수 있었다.

또 한 번은 이랜드에서 식량으로 약 천 톤의 감자를 지원하고 싶다는 제안을 했다. 이들의 중국 직원이 동행하여 분배 상황을 직접 확인하고 싶다고 요청했다. 우리는 이 제안을 수락했다. 천 톤을 보관하기에는 북한 내 시설이 부족하다는 점을 고려하여, 중국에서 감자를 구입할 때부터 흠 없는 좋은 품질을 선택했다. 포대에는 이랜드의 중국 이름인 '衣恋(이리엔)'으로 표기하도록 조치했다. 이랜드 직원들은 중국 길림성 일대의 감자 농장에서 감자를 구입하여 단둥에서 대형 트럭으로 압록강을 건너 신의주로 전달했고, 북한 측에서 다시 트럭을 동원하여 여러 학원으로 운송했다. 한 번에 많은 양이 지원된 덕분에 평안남북도와 황해남북도의 일반 학원에도 감자가 전달될 수 있었다. 거리는 멀지만 우리가 정기적으로 지원하는 원산의 학원에도 전달됐다. 이 감자를 운송하는 데 10톤 트럭이 무려 100대나 필요했다. 북한은 유류 부족 문제가 있었기 때문에 운송비와 별도로 유류비까지 추가로 지원했다. 이랜드 중국 직원 두 명은 우리와 함께 방문하여 평양과 평안도 일대와 황해도 일대의 학원, 그리고 원산 지역 학원을 둘러보고 지원 상황을 점검했다. 이랜드는 중국에서도 크게 성공한 회사였으며, 특히 이랜드를 창업한 회장님은 북한 어린이와 동포를 지원하는 일에 깊은 관심을 가진 분이었다.

뉴저지 영어권 교회 청년들의 방문

미국의 많은 한인 교회들도 북한 어린이 돕기에 적극적으로 참여했다. 그중 미국 뉴저지에 위치한 영어권 한인 교회에서 북한 어린이 지원에 큰 관심을 보이며 사역에 동참하고 싶다는 연락이 왔다. 이 교회는 한인 2세 젊은이들이 주축이 되어 세워진 교회로 약 300여 명의 교인이 모였다. 대부분 미국에서 공부하고 전문 직업을 가진 청년들로 구성되어 있고, 신앙적으로 매우 열정적이고 헌신적이었다. 의사와 변호사 등 전문직 종사자들이 많았고, 교회 재정 또한 여유가 있으며 선교에 대한 열정도 높은 교회였다.

한번은 이 교회의 목사님이 교회 리더 몇 분과 함께 평양과학기술대학교(YUST)를 방문했다. 우리가 지원하는 북한 고아원 사역지를 직접 방문하고 싶다며 안내를 요청했다. 이 교회는 크리스마스 헌금 전액을 선교와 구제를 위해 사용하는데, 그해 성탄 헌금 전액을 북한 어린이 지원 사역을 목표로 준비하겠다고 연락이 왔다. 교회가 목표를 공지하고 성탄 헌금을 한 결과, 20만 달러 이상이 모였다는 소식을 전해왔다. 그들은 모금액의 일부는 PUST 학생들을 위해 사용하고, 절반 이상을 어린이들을 위해 사용해 달라고 요청했다.

우리는 그들이 지원한 기금으로 물자를 준비하여 보내고, 방문할 인원은 이동 차량 문제로 한 번에 5명 정도로 제한하여 명단을 요청했다. 그리하여 목사님을 포함한 5명의 명단을 받아 북한에 방문 요청을 했고 허락을 받아 방문하게 됐다. 이들은 한인 2세였지만 한국어보다는 영어를 더 편하게 사용하는 젊은이들이었다. 젊은 한인 2세 해외 동포들의 방문은 북한 측에서도 긍정적으로 받아들이는 듯했다.

평양에서는 PUST 내 숙소 이용도 가능했지만, 지방 여행 일정이 있었기에 평양 시내 호텔에 투숙하게 됐다. 호텔에 묵게 되면 아침 일찍 평양을 가로지르는 대동강변을 산책할 수 있고, 저녁 식사 후에는 평양 시내를 산책할 수 있다는 장점이 있었다. 처음에는 북한 안내원이 항상 동행해야만 호텔 밖으로 나갈 수 있었지만, 여러 번 방문하면서 나중에는 나 혼자 산책하는 것도 허락받을 수 있었다. 다만 거리에서 주민들과 접촉하는 것은 금지됐다. 우리 일행은 아침 일찍 대동강변을 따라 산책하며 기도하는 시간을 가졌다. 어떤 장소에서는 모두 눈을 뜨고 한 사람이 소리 내어 기도하며, 다른 사람들은 각자 먼 곳을 바라보며 기도하기도 했다. 길거리를 걸으며 북한 땅을 위해 기도하고 김일성 광장까지 다녀오는 시간을 가졌다. 저녁 식사 후에도 함께 시내를 돌아보며 기도하는 소중한 시간을 보냈다.

이후 우리는 지원하는 학원들을 차례로 모두 방문하여 지원 물자를 점검하고 사진을 찍었다. 특별히 이들을 위해서는 김일성 생가, 지하철 등 평양 시내 관광과 함께 개성의 판문점까지 방문했다. 그곳에서는 남북 회담이 열렸던 장소까지 들어가 둘러보는 기회를 제공했다. 다음 해에도 5명의 젊은이들이 다시 방문하여 비슷한 경험을 하고 돌아갔다.

17.
북한 예배당에서의 인사말과 젊은 청년들

칠골 교회에서의 요한복음 3장 16절

한번은 주일에 예배를 드리고 싶다고 북한 안내자에게 부탁했더니, 칠골교회 예배 참석을 허락했다. 칠골교회는 김일성 수령의 어머니 '강반석'을 기념하여 세운 교회로 약 150여 명이 모이는 작은 교회다. 우리 일행이 참석한 날은 다른 외국인들도 몇 분 참석했다. 그날 예배에서 목사님은 누가복음 10장 25-42절에 나오는 선한 사마리아인의 이야기를 통해, 하나님은 사랑이 많으신 분이니 우리도 선한 사마리아인처럼 어려운 사람을 돌보고 사랑하며 살아야 한다고 설교했다. 설교가 끝난 후 광고 시간에 예배에 참석한 외국 손님들을 소개했다. 그리고는 나에게 한 말씀해 달라고 요청했다. 목사님의 뜻밖의 요청에 나는 깜짝 놀랐다. 이분들 앞에서 무슨 말을 해야 하나 기도하는 심정으로 단상에 서게 됐다. 그 순간 요한복음 3장

16절 말씀이 떠올랐다.

"여러분, 안녕하세요? 하나님의 사랑 안에서 여러분 모두를 만나게 되어 반갑습니다. 저는 목사님이 소개하신 바와 같이 평양과학기술대학 대외 부총장 이상훈입니다. 그리고 중국 연길시에 있는 연변과학기술대학 대외 부총장도 겸하고 있어서 자주 이곳을 방문합니다. 특별히 오늘 목사님의 설교 중에 하나님의 사랑에 대한 말씀을 하셨는데 저도 은혜를 많이 받았습니다. 성경에 보면 하나님은 우리 인간을 사랑합니다. 얼마나 많이 사랑하시냐 하면, 그의 독생자 예수 그리스도를 이 땅에 보내시어 우리를 구원하시기 위해 십자가에서 죽게까지 우리를 사랑하신 분입니다. 이보다 더 큰 사랑이 있을까요? 예수님은 하나님이시기 때문에 장사 지낸 바 되었지만 사흘 만에 부활하시어 지금도 우리를 위해 기도하고 있습니다. 우리를 구원해 주신 사랑의 하나님이십니다. 이러한 하나님의 사랑으로 오늘 저와 여러분이 함께 만나 예배를 드리고 있는 줄 압니다. 그리고 하나님의 사랑에 감사해서 저는 조국의 어린이들을 사랑하는 마음으로 어린이들에게 필요한 식량과 옷 및 학용품 등을 사 가지고 와서 전달하는 일을 하고 있어서 자주 방문하고 있습니다. 여러분, 모두를 사랑합니다. 감사합니다."

짧은 시간이었지만 이들 앞에서 복음을 전하고 하나님의 말씀을 나눌 기회를 갖게 되어 너무 기쁘고 감사했다.

고려항공 기내에서의 특별한 만남

한번은 평양을 방문하고 베이징으로 나오는 북한의 고려항공에 탑승했다. 그날 나는 동행한 중국인 직원과 함께 탑승 수속을 하고 비행기에 올랐다. 내 좌석은 창가였는데, 이미 북한의 한 젊은 청년이 앉아 있었다. 내 좌석표를 보여주며 그의 좌석표를 확인해보니, 그는 중간 자리에 배정되어 있었다. 나는 창가 자리를 원하면 자리를 바꿔 줄 수 있다고 제안했고, 그 청년은 밖을 볼 수 있어 창가 자리가 좋다며 흔쾌히 바꿨다. 잠시 후, 한 북한의 젊은 여성이 내 옆 통로 좌석에 앉았다. 나와 함께 탑승 수속을 했던 중국인 직원은 맨 뒤쪽 자리에 배정됐다. 보통 동행인이 함께 수속하면 옆 자리에 배정되는 것이 일반적인데, 이번에는 예상 밖의 좌석 배치였다.

나는 승무원이 나눠 준 중국 입국 카드를 받아 간단히 기록하고 주머니에 넣은 뒤 좌석 벨트를 맸다. 옆에 앉은 여성이 좌석 벨트를 들고 어떻게 하는지 몰라 당황하는 듯하여, 나는 내 벨트를 풀었다가 다시 매는 모습을 보여주며 사용법을 알려주었다. 그녀가 중국 입국 카드를 들고서 "모두 다 작성해야 하느냐?"고 물었다. 나는 모든 탑승객이 작성해야 한다고 답했다. 그러자 그녀는 "조선말로 써도 되느냐?"고 다시 물었고, 나는 조선말은 안 되고 중국어나 영어로 작성해야 한다고 알려주었다. 그녀는 당황해 했고, 내가 "도와드릴까요?" 하자 도와 달라고 했다. 나는 그녀의 여권을 보면서 항목별로 해당 난에 기재해 주었다. 방문 목적을 적는 난에 이르러 베이징을 왜 방문하는지 물었더니, 그녀는 상하이까지 가서 식당 봉사원으로 취직하게 됐다고 말했다. 그날 자신과 15명의 다른 여성들이 함께 이 비행기에 탑승했다고 덧붙였다. 그녀를 돕고 나니 창가에 앉아 있던 청년도 도움을 요청해 그의 여권을 보며 작성해 주었다. 특별히 방문 목적을 물었을 때, 그는 중동 지역의 한 나라에 용접공으로 취직되어 가게 됐다고 했다. 어느 나라인지 물었더니 자신도 모르지만, 베이징에 도착하면 북한 직원이 마중 나와 안내해 줄 것이라고 답했다. 이 젊은 남녀는 북한의 외화벌이를 위해 해외로 나가는 것이었다.

오늘의 모든 상황, 즉 내 양편에 북한의 젊은이들이 앉아 그들을 돕고 대화할 기회를 갖게 된 것이 우연이 아니라 하나님의 어떠한 뜻이 있다고 생각하며 기도했다. 비행하는 동안 계속해서 대화를 이어갔다. 그들은 평생 처음으로 외국인, 특히 미국 국적을 가진 남쪽 사람을 만나 대화하게 됐다고 말했다. 나는 예수 믿는 사람으로서 중국 연변의 대학에서 학생들을 가르치며, 북한 어린이들을 돕기 위해 자주 평양과 지방의 학원들을 방문한다고 설명했다. 처음에는 긴장해서 말을 잘 못하던 그들은 점차 대화를 잘하며 베이징에 도착했다. 베이징에서 그들은 감사하다는 말을 전하며 헤어졌다. 직접 복음을 전하지는 못했지만, 북한의 형제자매들과 좋은 대화의 기회를 갖게 되어 감사했다. 그들과 대화하는 동안 내가 그리스도의 향기(고후 2:14-16), 그리스도의 사랑의 편지(고후 3:2-3),

그리고 그리스도의 대사(고후 5:18-21)로 쓰임 받는 기회가 되었기를 바라며 감사했다.

주체사상과 기독교

"내가 그리스도 안에서 참말을 하고 거짓말을 아니하노라 나에게 큰 근심이 있는 것과 마음에 그치지 않는 고통이 있는 것을 내 양심이 성령 안에서 나와 더불어 증언하노니 나의 형제 곧 골육의 친척을 위하여 내 자신이 저주를 받아 그리스도에게서 끊어질지라도 원하는 바로라" _ **롬 9:1-3**

사도 바울의 동족 사랑에 대한 고백처럼, 남한과 전 세계에 흩어져 사는 우리 그리스도인들도 바울과 같은 마음으로 북한 동포의 구원과 민족 통일을 위해 기도해야 한다. 특별히 어려운 삶과 환경, 그리고 그들의 훈련을 경험하며 살아온 북한의 형제자매들이 복음으로 무장될 때 폭발적인 세계 선교의 장이 열릴 것이다. 그 날을 위해 YUST와 PUST는 매우 중요한 위치에 있었다고 생각한다. 지금은 모든 문이 닫힌 듯하고 앞이 보이지 않아도, 하나님께서는 당신의 방법으로 일을 계속 진행시켜 뜻을 이루어 가실 것을 확신한다.

특별히 북한 형제자매들을 이해하기 위해서는 북한을 지배하는 주체사상(主體思想)을 이해하는 것이 매우 중요하다고 생각한다. 주체사상은 북한을 지배하는 유일한 사상 체계이며, '수령론(首領論)'은 단순한 이념이나 사상이 아니라 기독교와 유사한 종교로 발전했다고 볼 수 있다. 그들이 주장하는 주체사상의 기본 개념은 "사람이 모든 것의 주인이며 사람이 모든 것을 결정한다(The basic principle of the Juche idea is that man is the master of everything and decides everything)"는 사람 위주의 세계관이다.

인간을 모든 사고의 중심에 놓고 이론을 전개하는 주체사상은 하나님 중심의 기독교적 인간관과 배치되는 사상이다. 그들의 이념과 철학은 전적으로 비진리이지만, 인민을 교육하고 훈련시키기 위해 각종 모임과 학습을 진행한다. 모든 학원과 국가 기관, 기업체에 이르기까지 김일성, 김정일 혁명 사상 연구관이 있다. 작은 학원들은 한 개의 교실을 별도로 구별하여 꾸며 놓지만, PUST와 같이 큰 기관은 건물이 따로 있어 거룩한 장소로 사용해야만 한다. 마치 기독교의 예배당처럼 구별된 장소로, 그곳에서 그들은 주간 단위로 생활총화, 각종 인민 학습, 새벽 참배 등 다양한 모임을 갖는다. 이를 통해 김일성 수령의 혁명 사상, 주체사상 등을 학습하고 명령 전달, 충성 서약 등을 통해 정신적으로 철저히 무장시킨다. 그들이 비판하고 토론할 때는 기독교인들이 성경 말씀을 인용하듯이 항상 그들의 수령이나 장군의 교시를 인용하여 말을 하고 비판하고 토론한다. 그들의 노래는 기독교의 찬송가처럼 그들의 수령이나 장군을 찬양하는 노래다. 기독교의 십자가와 같은 신앙의 상징처럼, 그들은 김일성, 김정일, 김정은 배지를 달고 다니고, 곳곳에 사진들을 전시하여 종교

성이 가득한 우상화 작업을 한다. 그들은 "위대한 김일성 수령님과 김정일 장군님은 영원히 우리와 함께 계신다"라는 구호를 영생탑이나 건물 정문에 써놓고, 건물 안의 현관에도 그들의 큰 사진을 그려 놓고 항상 경의와 참배를 한다. 한번은 더운 여름날 학원 건물에 들어가는데, 입구에 있는 김일성 수령 영정 사진 앞에 선풍기를 켜 놓은 것을 봤다. 무더운 여름, 그들의 최고 존엄을 시원하게 해 드리려는 헌신이었다. 또 해외 동포 한 분은 북한에서 그들의 신문을 보고 방에 있는 휴지통에 버렸는데, 이를 방을 청소하는 직원이 발견하여 추방당하기도 했다. 최고 존엄의 사진이 있는 신문을 쓰레기통에 버린 '불경죄'에 걸린 것이다. 이들이 얼마나 철저하게 훈련되어 있어 이렇게까지 그들의 최고 리더를 존경하고 숭배하는지 짐작할 수 있다.

북한은 하나님께서 특별히 당신의 계획을 위해 준비해 놓으신 땅이라고 생각된다. 통일이 이루어지고 그들이 복음으로 변화한다면, 하나님께서는 세상을 변화시키는 데 그들을 크게 사용하실 것이다. 나도 한번 방문한 적이 있는 미국의 모자이크 교회(Mosaic Church) 담임 목사 어윈 R. 맥매너스(Erwin R. McManus)는 그의 저서 "*The Barbarian Way*" (한국어 번역 「코뿔소 교회가 온다」)를 통해 현대의 많은 크리스천들에게 도전을 주고 있다. '모자이크'는 여러 가지 색깔의 돌, 색 유리, 타일 등으로 짜 맞춰 놓은 것을 의미한다. 그는 자신의 교회가 모자이크처럼 다양한 사람들이 모여 예배드리는 장소이기에 교회 이름을 모자이크교회로 정했다. 이 교회의 목사님은 그의 저서를 통해 현대 크리스천들의 나약한 모습을 지적하고, 코뿔소처럼 크리스천의 야성을 회복해야 한다고 주장한다. 북한의 우리 동포들은 극도로 어려운 환경 속에서 산 경험과 훈련이 되어 있기 때문에, 그들이 복음으로 무장될 때 폭발적인 세계 선교의 현장에서 코뿔소처럼 귀하게 쓰임 받게 될 것을 확신한다.

18.
달려온 길의 회고와 감사

2025년, 우리 부부는 만 90세가 됐다. 돌이켜보면 우리의 평생은 시편 90편의 말씀처럼 순식간에 흘러 여기까지 이르렀다(시 90:9b, 10b). 우리는 참으로 변화가 많은 시기를 살아왔다. 일제강점기에 태어나 어린 시절 해방을 맞았고, 이념과 사상의 갈등으로 남북 분단을 목격했다. 이어진 한국전쟁으로 동족상잔의 비극을 겪었고, 먹을 것 없는 가난 속에서 고난을 경험했다. 전화, TV, 냉장고 등 현대 문명의 혜택을 모르던 시절, '여행'이라는 단어조차 생소했던 시대에 살았다. 그러나 지금은 세상이 천지개벽할 만큼 변하여, 비행기를 타고 세계 여행과 여가를 즐기고, 컴퓨터와 스마트폰으로 어디에서든 자유롭게 소통하는 세대가 됐다. 한국은 짧은 기간에 세계인들이 놀라고 부러워하는 '한강의 기적'을 이루며 경제대국으로 발전했다. 또한 우리는 세계인들이 동경하는 미국에서 하나님의 은혜 가운데 삶을 누리게 됐다.

우리가 사랑하며 존경하는 이동원 목사님의 저서 『노년의 항해를 준비하라』에서는 하나님의 은혜 안에서 살아가는 삶이 곧 승리하는 삶이라고 전했다. 목사님은 중년기를 지나면서 가장 의미 있게 다가온 성경 구절로 시편 131편을 소개한다.

> "여호와여 내 마음이 교만하지 아니하고 내 눈이 오만하지 아니하오며 내가 큰 일과 감당하지 못할 놀라운 일을 하려고 힘쓰지 아니하나이다 실로 내가 내 영혼으로 고요하고 평온하게 하기를 젖 뗀 아이가 그의 어머니 품에 있음 같게 하였나니 내 영혼이 젖 뗀 아이와 같도다 이스라엘아 지금부터 영원까지 여호와를 바랄지어다"_ 시 131:1–3

이 목사님은 많은 사람이 꿈과 비전을 말하지만, 종종 그것이 욕심일 수 있다고 지적했다. 사람들이 힘들어하는 원인은 경계선을 긋지 않고 욕심을 비전으로 착각하기 때문이라고 했다. 내가 읽었던 『NO라고 말할 줄 아는 그리스도인』(헨리 클라우드, 존 타운센드 공저)에서도 많은 사람이 경계선 없이 욕심을 비전으로 착각하기 때문에 힘들어한다고 말한다. 인생의 마지막으로 갈수록 시편 131편 2절 말씀처럼 고요하고 평온한 내적 평화, 즉 마음의 평화가 중요하며, 진정한 만족은 주의 임재 안에서 온다고 강조한다. 하나님 한 분으로 만족하는 삶이 진정한 행복이자 영적인 해답이라고 한다.

하나님의 임재를 누리는 방법을 터득하고자 힘썼던 로렌스 형제(Brother Lawrence)의 "하나님의 임재" 연습은, 첫째 그리스도의 피를 통한 구원, 둘째 하나님의 임재를 꾸준히 연습하는 것이라고 했다. 이러한 연습은 처음에는 어렵지만, 하나님을 사랑하고 그분의 뜻에 맞춰 살려는 꾸준한 노력을 통해 지속되면 우리 영혼에 엄청난 영향력을 준다. 하나님의 임재로 만족하는 인생은 결코 불행할 수 없는 인생이 된다.

바울 사도는 "내가 나 된 것은 하나님의 은혜"(고전 15:10a)이며, "은혜가 헛되지 아니하여 내가 모든 사도보다 더 많이 수고하였으나 내가 한 것이 아니요 오직 나와 함께 하신 하나님의 은혜"(고전 15:10b)라고 했다. 은혜는 인간을 향한 하나님의 무조건적인 사랑이자, 받을 자격 없는 자에게 값없이 주시는 고귀하고 값진 선물이다. 우리는 그 은혜로 믿음을 통해 구원받았고, 급변하는 세상 속에서도 하나님의 은혜로 한국과 미국, 그리고 선교지에서 보람된 삶을 살았다고 생각한다.

우리 부부의 부족함으로 인한 아쉬움과 후회도 있지만, 그럼에도 불구하고 오늘의 우리가 있을 수 있었던 것은 전적으로 하나님의 은혜이며 축복이라고 고백하며 거듭 감사한다. 좋으신 하나님께서는 우리 부부에게 아름다운 가정을 허락해 주셨고, 자랑스러운 두 아들과 그 가정을 통해 믿음직한 네 손자와 예쁘고 귀여운 두 손녀를 허락해 주심에 감사한다. 우리 부부는 평생 믿음직하고 자랑스러운 두 아들과 그 가정이 주신 자녀들로 인해 늘 행복하고 감사하며 여기까지 왔다. 특별히 두 아들이 하나님의 부르심에 순종하여 하나님의 종으로 쓰임 받게 하심을 감사한다. 두 아들이 신학교로 떠나면서 가정 예배에서 큰아들이 나눈, '아빠와 동생 삼부자 세 가정이 세 겹 줄(전도서 4:9-12)이 되어 사역하면 든든하게 사역을 잘하게 될 것'이라는 말이 기억난다. 지금까지 우리는 서로의 사역을 위해 격려하고 기도하며 감사하며 여기까지 이르게 됐다.

바울 사도는 유언 같은 마지막 편지 디모데후서 4장에서 "나는 선한 싸움을 싸우고 나의 달려갈 길을 마치고 믿음을 지켰으니"(딤후 4:7)라고 고백한다. 우리 부부의 삶이 이 땅에서 다하는 그날까지 말씀과 기도에 힘쓰며 하나님의 은혜 가운데 하나님의 임재를 경험하고, 자녀들과 하나님의 나라 확장을 위해 헌신하는 사역자들을 위해 중보 기도하며 바울 사도와 같은 고백을 하게 되기를 기도한다.

19.
아내의 사역과 제자들의 편지

중국어 공부와 성경공부

2000년 가을 학기에 입학한 YUST 학생들을 '00급(2000학번)'이라 불렀고, 이들은 우리 부부와 동기생이다. 우리 부부도 2000년 9월 학기부터 과기대에서 처음 만났다. 첫 지도 학생인 '00급'은 모두 18명이었다. 그래서인지 지금도 이들을 만나면 특히 반갑고 정이 더 간다.

일반적으로 남편 교수들은 학과 지도 학생을 맡았고, 아내들도 식사로 섬기며 기숙사 학생들도 만났다. 내 아내도 학생 기숙사 지도를 맡았다. 기숙사 침실 한 곳에는 6명씩 머물렀고, 나는 4개의 침실, 즉 모두 24명의 학생 지도 교수가 됐다.

간염에 걸린 학생들을 돌보는 일도 사모님들이 책임졌다. 학교 입학 시 신체 검사 결과, 약 100여 명이 간염에 걸렸다. 사모님들은 5~6명씩 학생들을 나눠 돌봤다. 맛있는 음식으로 영양을 보충해주고, 인생 상담도 해줬다. 이렇게 맡은 학생들을 돌보는 일로 항상 바빴고, 사모님들 모두 열심히 참여했다.

어느 날 처음으로 좁은 2 숙사 108호 숙소에 지도 학생들이 찾아왔다. 정말 반가웠다. 한 의자에 두 명씩 앉아 이야기를 나누는데도 모두 신나고 웃음꽃이 피었다. 다른 대학교에서는 학생들이 교수댁에 수시로 방문해 이렇게 대화하는 경우가 거의 드물었다. 그런데 내 옆에 앉았던 유설(가명)이라는 학생은 'Jesus'라고 새겨진 조그마한 브로치를 가슴에 달고 있었다. 그것을 어디서 났냐 물었더니, 어떤 분이 주셨고 무슨 뜻인지는 모른다고 했다. 나는 무슨 뜻인지 가르쳐 줄 테니 다시 만나자고 약속했다.

얼마 후 유설이 다시 찾아와 "사모님, 중국어 공부 열심히 하고 계십니까?"라고 물었다. 나는 중국어가 너무 어렵고 힘들다고 했다. 그랬더니 자기가 가르쳐 주겠다고 했다. 나는 유설에게 "좋다, 나를 가르쳐 주고 아르바이트비를 주겠다"고 말했다. 하지만 유설은 돈을 받을 수 없다며 거부했다. 나는 "네가 노력한 것이니 수고한 대가를 받아도 된다"고 설득했다. 그런데 유설이 놀라운 대답을 했다. "사모님, 그럼 성경을 가르쳐 주시면 되잖아요." 와우! 빙고! 우선 매주 한 번 나를 만나게 될 테니 나는 너무 기뻤다. 이렇게 해서 이 친구와 매주 만났다. 학생 2명을 더 데리고 와서 졸업할 때까지 열심히 성경을 가르칠 수 있었다.

어떤 날은 밤 10시쯤 수업이 막 끝났는데, 배가 너무 고프다고 라면을 끓여달라고 집으로 찾아왔다. 금방 끓여 주었더니 너무 맛있게 먹는 것을 보니 마음이 흐뭇했다. 원래는 대학 입학 전에 약 한 달간 군사 훈련을 받아야 했는데, 그때는 입학 후 1년 뒤에 군사 훈련을 받게 됐다. 연길의 한여름은 태양이 무척이나 따갑다. 나는 너무 더운 날씨가 아이들을 힘들게 해서 속상했다. 그래서 시원한 과일, 수박 케이크를 만들어서 갖다 주었다. 하루는 유설이 훈련을 받다가 부축받고 들려오는 것을 보고 깜짝 놀랐다. 너무 더운 데다 저혈압으로 인해 급히 의무실에 함께 가서 유설이를 간호해 줬다.

가끔 지도 학생들을 식사에 초대했는데, 이날은 비빔밥을 해 줄 터이니 다들 오라고 했다. 그랬더니 지도 학생이 아닌 다른 학생들이 부러워한다고 해서 모두 데리고 오라고 했다. 너무 많이 와서 밥이 모자라 학교 식당에 급히 연락하여 밥을 얻어 오기도 했다. 졸업할 날이 가까워져서 졸업 기념으로 "어디 놀러 가고 싶은 곳 있으면 말해라, 데리고 가겠다"고 했더니 장백산에 가고 싶다고 했다. 6월 중순 어느 날 새벽 5시에 모여 장백산에 다녀오고 저녁 식사까지 사주었다. 사은회 때는 학생들이 "당신은 사랑받기 위해 태어난 사람" 노래를 부르며 땅바닥에 앉아 큰절을 하고 울었다. 가슴이 벅차 나도 눈물이 났다.

한 번은 남편의 생일 축하를 해 준다고 전날 밤 12시쯤 학생들이 밖에 서서 웅성거리더니 "해피 버스데이 투유 - 교수님 -" 하며 합창을 하며 들어왔다. 물론 나한테 미리 힌트는 주었다. 그때 밤 12시 1분이 지나면 진짜 교수님 생일날이라며 계획을 짰던 것이다. 처음으로 이런 놀라운 서프라이즈 생일을 보냈다.

YIA에서의 첫 초등 수업

남편은 과기대에서 중국 학생들을 가르쳤지만, 나는 과기대 교직원 자녀들을 가르쳤다. 교직원들이 늘면서 자녀들의 교육 문제가 자연스럽게 대두됐다. 연길에는 외국인 자녀들만 다닐 수 있는 YIA(Yanbian International Academy)가 있다. 이곳은 법적으로 중국인은 다닐 수 없다. 미국을 비롯해 한국, 독일, 영국, 뉴질랜드, 캐나다 등 다양한 나라에서 온 교직원들의 자녀들이 다니고 있다. YIA의 교장을 맡은 니콜(Lee Nicholse) 선생님은 외국인이지만, 한국말을 능숙하게 하는 미국 선교사였다. 그가 나에게 YIA에서 섬겨달라고 부탁하여 초등학생들의 수학을 가르치게 됐다.

첫 수업 때 "Good morning everybody!" 하고 인사했더니 어떤 학생이 중국말로 "ni Jiao shenme mingzi? (너의 이름이 무엇이냐?)" 하는 것이었다. 그래서 얼른 눈치를 채고 "My name is Grace. I am your math teacher"하고 인사했다. 참으로 영어, 중국어, 한국어가 뒤섞인 작은 교실이었지만, 언어 소통에는 전혀 불편함이 없었다. 이렇게 시작하여 10여 년을 아이들과 함께 지내면서 또 오후에는 중국어 공부를 열심히 했다.

성탄절 파티

00급 박숙희 학생은 학교 다니는 동안 집에 놀러 오라고 해도 바쁘다며 오지 않았다. 이번에는 성탄절에 학생들을 초대했다. 항상 성탄절 때는 집으로 학생들을 초대하여 양식으로 식사를 준비했고, 박숙희도 참석했다. 성탄절의 의미와 크리스마스 노래도 가르쳐 주고, "아브라함은 열한 명의 아들이 있었는데요." 노래와 율동을 함께 했다. 나이 많은 우리 부부가 온몸을 흔들며 율동을 추니, 모두 킥킥대며 신나게 따라 했다.

미리 준비한 선물 교환도 했고 윷놀이도 준비했다. 그들 대부분은 윷놀이를 몰랐다. 우리 부부는 윷놀이를 통해서도 복음이 들어갈 수 있도록 윷놀이 말판에 '천국 가는 웅덩이', '지옥 가는 웅덩이'를 그려 넣었다. 학생들은 "난 지옥은 가기 싫어! 천국 갈래!" 하며 모두들 신나게 놀았다. 일등, 이등, 삼등, 또 참석자 상품까지 준비했다. 이후 숙희를 여러 번 따로 만나려 했지만, 그는 슬그머니 피해 가곤 했다. 숙희는 마지막 한 학기 남았을 때 3월에 상하이 근처 '소주(蘇州, Suzhou)' 쪽으로 취직했다. 숙희는 똑똑한 학생이었지만, 한편으로는 너무나 서운했다. 그래서 졸업하기 전에 한 번만 더 만나자고 했다. 마치 내가 구걸하는 것처럼 느껴졌지만, 내가 아니면 숙희가 어디서 복음을 들을 수 있을까 하는 간절함도 있었다. 나는 맛있는 케이크도 만들고, 기도하며 숙희를 맞이했지만, 그녀는 복음에는 관심이 없고 돈 버는 생각만 가득했다. 너무 아쉬웠고, 부족한 나의 기도에 좌절감도 느껴졌다.

그런데, 숙희가 취업 박람회 때 학교를 또 방문하게 됐다. 취업 박람회는 좋은 학생들을 뽑아가기 위해 많은 기업들이 학교를 방문하는 연례행사다. 숙희는 모교를 방문하면서 나를 먼저 찾아줬다. 나도 그 기회를 놓칠 새라 숙희에게 복음을 또 전했다. 비록 숙희는 복음을 영접하지는 않았지만, 성령님께서 언젠가는 숙희의 마음을 두드려 주실 것이라고 믿었다. 그런데 몇 년 후 믿음이 좋은 동문 남자 친구를 만나게 됐다. 남자친구는 우리 지도 학생들을 따라 자주 우리 집에 왔던 학생이었다. 비빔밥도 먹으러 왔던 학생이었고, 백두산 갈 때도 같이 따라갔었다. 하나님께서는 숙희를 사랑하셔서, 결국 믿음의 가정을 이루게 하셨다.

모녀가 함께 복음을 듣다

어느 날 엄마와 함께 사는 춘희가 나를 찾아왔다. "사모님, 이전에 저에게 말씀하셨던 성경을 배우고 싶어요." 춘희는 성경에 눈이 뜨여 열심히 성경을 읽고 공부했다. 심지어는 집에서도 성경을 보고 있었고, 그 모습을 본 춘희의 어머니도 "성경이 무엇인지 알고 싶다"고 나에게 전해왔다. 나는 너무 반갑고 기뻤다. 또 한 영혼을 준비시키신 하나님께 감사를 드리고 모녀를 집으로 초대했다. 그리고 두 모녀는 구원의 확신을 갖고 우리 집 화장실 욕조에서 침례까지 받고 주위 사람들에게 축복받는 시간을 가졌다. 비록 모녀지만, 한 가정이 구원을 받은 것이다. 마치 빌립보 지역 간수가 회심한 후 그의 가정에 복음이 전해져 모두 침례를 받았듯이, 춘희 한 사람을 통해 그녀의 가정을 주님께로 인도하신 것이다.

사모가 된 학생

김명 학생은 누가 소개해 주었는지 지도 학생도 아닌데, 친구 려화와 함께 우리 집에 오게 됐다. 두 여학생은 매주 함께 성경을 공부했다. 참으로 얼마나 열심히 배우는지 신기할 정도였다. 내가 오히려 도전을 받았다. 한 번은 명이가 한국에 교환 학생으로 갔는데, 한국에서 금요 철야 기도회도 참석하고 성령 체험을 한 것이었다. 명이는 성령 충만해져서 연길에 다시 돌아왔는데, 기쁨도 없고 재미도 안 나서 마음이 너무 허전하고 내적 갈급함으로 인해 힘들어하고 있었다. 그래서 나는 명과 함께 열심히 기도하며 그녀의 갈급함을 말씀으로 채워지도록 도왔다. 명이는 졸업 후 직장 생활을 열심히 하더니, 드디어 한 사역자를 소개받아 사모가 됐다. 그녀는 남편을 도우며 직장에도 다녔고, 우리 졸업생들이 함께 예배하는 처소 교회로 쓰임 받고 있다.

니고데모 같은 류화

홍화, 매화, 류화는 같은 지도 학생이고 함께 성경을 공부했다. 홍화와 매화는 예수님을 영접하고 열심히 신앙생활을 했지만, 류화는 믿어지지 않는다고 정중하게 거부했다. 류화는 공부도 잘하는 모범생이었지만, 자신이 친구처럼 쉽게 성경을 믿지 못함을 괴로워했다. 비록 나와의 만남 동안 복음을 받아들이지 못했지만, 그녀는 다음과 같이 편지를 남겼다.

사모님께

교수님과 사모님의 사랑을 오랫동안 받아오면서, 얼마 전부터 사모님께 말하고 싶은 말들이 많았습니다. 아무것도 바라지 않고 모든 것을 베풀어 주시는 그 사랑에 너무나 감사하고 고마웠기 때문입니다. 하지만 한 가지 일이 항상 저의 마음을 아프게 합니다. 저는 왜 예수님을 받아들이지 못하고 또 그렇게 열심히 인도하시는 사모님의 말씀을 받아들이지 못하는지 저 자신이 실망스러웠습니다. 다른 지도 학생들은 더욱 믿음을 갖는데 말입니다. 저는 그러한 믿음이 부러웠습니다. 사모님의 말씀대로 저도 한번 마음을 열고 그분을 받아들이고 싶고, 사모님을 기쁘게 해 드리고 싶고, 같이 기도하면서 모든 것을 같이 하고 싶은 마음이 강렬합니다. 하지만 거짓된 마음으로 믿지 않으면서 믿는 척하기는 싫어서... 그래서 여태껏 사모님께 더욱 가까이하지 못하고 있습니다. 그날 사모님이 저를 오라고 했을 때에 이미 저도 사모님을 찾고 싶은 마음이 있었습니다. 근데 무엇부터 말해야 할지 몰라서 망설이다가 못 갔습니다. 저도 이제 졸업을 하게 되어서 교수님과 사모님 옆을 떠나게 됩니다. 비록 사모님 뜻대로 기쁘게 해 드리지는 못했지만, 계속해서 마음을 열지 못한 저를 꼭 기억해 주십시오. 언젠가는 저도 사모님을 기쁘게 해 드릴 날이 올 거라고 믿습니다. 교수님, 사모님 항상 건강하시고 행복하세요.

류화 올림

언어가 부족한 K학생

간염에 걸린 학생 명단에서 처음 알게 된 K는 키 크고 잘생긴 한족 학생이었다. 이 학생은 1년간 한국어를 배우고 2학년부터 전공을 공부했지만, 한국말이 많이 부족해 수업을 따라가기 힘들어했다. 그래서 나는 한국어 책을 구해 금요일마다 한국어 과외를 해 주었다. 하지만 한국어 전공 수업을 듣기에는 여전히 부족했고, 그는 힘들어했다. 그의 실망하는 모습을 보고 "너는 할 수 있다, 열심히 하면 된다"고 용기를 주었다. 그리고 하나님을 의지하고 열심히 기도하면 된다고 한국어로 복음을 전했다. K도 알았다며 열심히 받아들였다.

그런데 금요일에 오기로 약속했지만 오지 않았다. 한 번이 아니라 여러 번 약속을 어겼다. 나는 어떻게 된 일인지 K의 지도 교수님을 찾아갔다. 교수님은 K가 밤새 PC방에서 게임을 하고 새벽에 학교에 온다는 소식을 전했다. K는 다른 수업 시간도 많이 결석하고 있었다. 나는 당장 K에게 전화를 걸어 오라고 했더니, 그는 생글생글 웃으며 왔다. 이 천진난만한 얼굴로 수업을 빼먹고 밤새 그랬다는 것이 믿기지 않았다. 나는 어떻게 된 거냐고 물었더니, 수업 내용이 이해되지 않아 너무 스트레스를 받아 힘들다는 말이었다.

수업을 잘 가르치는 것도 중요하지만, 언어가 익숙하지 않은 학생들에게는 대책이 필요했다. 나는 통신과 K의 지도 교수님께 상의했다. 그래서 K가 한 학기 더 한국어를 공부할 수 있도록 한국어 교양학부(교연부)에 부탁하기로 했다. 나는 다시 K를 집으로 불러, "너는 할 수 있다, 조금만 더 열심히 하라"고 격려하며 한국어를 계속 가르쳐 주었다. 하지만 이런 노력에도 불구하고 K는 다음 학기에 또 학교에 오지 않고 사라졌다. 물론 연락도 되지 않았다. 나는 또 포기하지 않고 그의 할머니께 전화를 걸어, K가 베이징에 있다는 것을 알고 전화번호를 얻어 연락했다. 전화했더니 자신은 베이징에서 취직을 했다고 말했다. 그래서 K의 지도 교수님과 나는 함께 베이징으로 K를 만나러 갔다. K는 그곳에서 휴대전화 수리 회사에서 일하고 있었다. 너무나 안타까웠다. 우리는 K에게 대학을 졸업하면 더 좋은 직장에서 일할 수 있다고 설득했고, 대학을 꼭 마치기를 강권하며 그를 격려해 주었다.

반년쯤 지난 후, K가 어머니와 함께 우리 집에 찾아왔다. 그 직장도 너무 힘들어 그만두고, 중국 남쪽에 있는 다른 대학에 들어갔다는 소식이었다. 나는 너무 반가워서 정말 잘했다고 격려해 주었다. K와 어머니는 도망 다니던 자신을 끝까지 도와주어서 감사하다고 말하며 새 출발을 시작했다.

늘어난 지도 학생들과 졸업반 학생들

일반적으로 지도교수는 한 학년을 집중적으로 맡아 학생들이 졸업할 때까지 책임을 진다. 다만, 교직원들이 안식년을 가거나 피치 못할 사정이 생기면, 대신 지도 학생들을 떠맡아야 했다. 언젠가부터는 3개 학년 학생들을 한꺼번에 지도 학생으로 맡게 됐다. 30명 가까이 되는 학생들을 몇 번 만나서는 얼굴과 이름을 외우기 힘들었다. 이들이 다 모여 식사를 하려면 우리 집은 큰 잔치를 벌이듯 여간 힘든 것이 아니었다. 하지만 그들이 배부르고 즐거워하는 모습을 생각하면, 식사 시간이 기다려졌다.

우리는 보통 새 학기가 시작하면 우리 집에 다 모이라고 초대했다. 서로를 소개하면서 학생들의 인적 사항을 파악했다. 그리고 그들 중에서 복음을 받아들일 준비가 된 이들을 눈여겨보고 나의 기도 제목에 올렸다. 학생들은 수업 때문에, 우리 부부도 학교 일 때문에 항상 시간이 비어 있는 것은 아니었다. 그래서 수요일 점심시간에 3명씩 불러 간단한 식사를 해 주었다. 스파게티, 카레라이스, 김밥 같은 메뉴로 초대했다.

이런 시간을 가지면 서로가 더욱 가까워지고 학생들도 자유롭게 속마음을 털어놓는 경우가 많다. 물론 모든 학생들이 복음을 영접하면 좋겠지만, 늘 그렇지는 못했다. 10학번 학생 10명 중 몇 명은 나와 성경 공부를 했지만, 절반은 그냥 졸업하고 떠나야 했다. 하지만 나는 항상 학생 모두의 이름을 놓고 열심히 기도한다.

나에게는 또 11학번 학생 10명이 있었는데, 그들 중 몇 명은 집에 오라고 해도 바쁘다는 핑계로 오지 않았다. 그래도 다시 전화해서 오라고 하니까 하루만 잠깐 방문하고 그다음 주에는 오지 않았다. 문제는 한두 명만 따로 불러 식사를 하기가 어렵다는 점이다. 다른 학생들에게 (전도 등의) 의도가 느껴지고, 불참자들에게 더욱 부담을 줄 수 있기 때문이다. 그래서 나는 또다시 다들 식사하러 오라고 말한다. 그리고는 개인적으로 불참한 학생에게 전화를 걸어 '너 언제 시간이 되니?', '이번 주에 올 수 있니?' 하면서 다시 초대하곤 했다. 일주일에 3~4번 이상 식사를 준비하면 육체적으로 힘든 것이 사실이지만, 학생들이 맛있게 먹는 모습을 보면 내면에는 기쁨이 가득하다.

학생들이 어느새 졸업반이 되면 내 마음은 더욱 조급해진다. 이들이 또 그냥 졸업하고 사회에 나가버리면 어쩌나 하며 기도하고 애원했다. 그래서 막판에는 더욱 속도를 냈다. 나는 매일 한 명씩, 일주일에 5~6명을 따로 초대하여 식사와 함께 복음을 전했다. 이번 졸업생 중 두 명이 한국으로 유학을 가게 됐다. 그래서 우리는 한국에 가서 '사랑의 교회' 중국어 채플에 이들을 안내해 주었다. 중국어 담당 목사님도 과기대의 제자였다. 이 두 졸업생은 너무 기뻐했다. 대학원에 들어가서도 열심히 해야 한다고 격려하고, 개학이 되기 전에 우리 부부는 연길로 돌아왔는데, 아주 감격적인 이메일이 왔다.

졸업생 편지

안녕하세요 사모님.

저 잘 지내고 있어요 사모님.

사모님 눈 수술 후 시력이 하루속히 완쾌하시고 잘 보이시기를 기도드리겠습니다. 사모님과 약속한 대로 매주 교회에 다닙니다. 지난주에 같이 간 친구는 알바를 해서 지난주에는 교회에 오지 못했지만, 시간이 되면 나오겠다고 저랑 약속했습니다. 저도 요즘 대학원에서 공부하면서 힘들긴 하지만 그래도 지탱할 수 있습니다. 첫 학기라 모르는 것도 많고 읽어야 할 자료도 점점 많아집니다. 주말에 교회에 가서 예배하는 것이 어떻게 보면 저한테는 행복한 일이 되었습니다. 주중의 피로를 주말의 예배로 힐링을 받는 느낌입니다. ㅋ ㅋ ㅋ ㅋ 이렇게 견지하면 언젠가는 마음속으로 굳게 믿는 크리스천이 되겠죠. 그리고 사모님께서 주신 좋은 성경 말씀 감사합니다. 제가 성경책을 찾으면서 그 말씀을 이미 노트에 정리했습니다. 시간을 내서 매일 읽겠습니다.

사모님과 교수님께서 저희 지도 학생들에게 많은 관심을 가져 주셔서 진짜 감사합니다. 말씀으로 표현할 수 없을 정도로 11급 지도 학생들이 진짜 복받은 학생들이라고 생각합니다. 진짜 한 친구가 말하듯이 사회에 나와서야 저희 과기대 교수님들이 얼마나 좋은 분들이신지 느끼는 것 같습니다. 저도 사모님과 교수님께서도 몸조심 잘 하시고 늘 평강하시기를 기원하겠습니다.

사모님 또 연락해요. Bye. 사모님 안녕히 계세요

지도학생 영 드림

안녕하세요 교수님과 사모님.

시간은 흐르고 흘러 어느덧 곧 헤어질 시간이 되었습니다. 현재 졸업을 앞둔 마음은 기대감, 아쉬움, 설렘, 서글픔 등 감정들이 얽혀서 뭐라고 표현하면 좋을지 모르겠습니다. 2학년 때부터 교수님과 사모님을 알게 되었고, 우리를 한집 식구처럼 늘 한 가족처럼 사랑해 주셔서 감사드립니다. 많은 지도 학생들의 생일까지 일

일이 다 챙겨 주셨고, 또 우리를 늘 기쁜 마음으로 연길의 각종 요리들을 사 주시고 떠들며 함께 시간을 보내왔습니다. YUST에서의 생활은 죽어서도 잊지 못할 것 같습니다.

교수님과 사모님은 우리를 믿고 지켜봐 주셨습니다. 우리의 두 번째 생명이 거듭나기를 간절히 바라면서 그 누구보다도 인내심 있게 가르쳐 주시고 기다려 주셨습니다. 그런 인내심과 사랑이 없었더라면 세월이 흘러 좋은 나라(죽은 후 천국)를 볼 수 없을 것입니다. 고향에 돌아가서도 친구들과 같이 있을 때 늘 두 분을 자랑하며 다녔습니다. YUST에서 다른 학생들과 만날 때에도 늘 자랑하며 다녔습니다. 교수님과 사모님을 만난 것은 저의 영광입니다. 알고 보면 참 저도 운이 좋은 놈입니다. 그리 많은 교수님들과 사모님들 중에서 착하고 선량하신 두 분을 만났기에, 만일 제가 다른 교수님을 만났더라면 제 2의 세계를 볼 수 없었을 것입니다. 이에 대해 다시 한번 감사의 뜻을 표합니다.

이제 곧 부모의 곁을 떠나 험악한 파도가 치는 사회 속에 들어가게 됩니다. 아마도 그곳에서는 세상의 냉혹한 시련과 거친 풍파를 겪게 될 것입니다. YUST에서 사랑이 무엇인가 배웠다면 사회에 나가서는 생존의 기술을 연마할 것 같습니다. 근심 마세요. 꼭 이겨 나갈 겁니다. 만일 시간이 흘러 사업에서나 가정생활에서 저의 두각을 나타낸다면, 꼭 교수님과 사모님의 사랑을 받은 것처럼 도움의 손길을 이웃에게 펼칠 것이고 사랑을 나눌 것입니다.
끝으로 부디 만수무강하시고 매일매일 행복하게 지내세요. 진실로 진실로 두 분을 존경하고 사랑합니다.

20년 6월 21일 제자 류경아 드림**

교수님, 사모님, 안녕하세요.
두 분께 편지로 제 마음을 전하려 하니 벌써 울컥하네요. 저에게 처음 복음을 전해주셨던 그날이 아직도 생생합니다.
그때는 세상일로 마음이 분주하여 사모님의 초대에도 쉽게 응하지 못했지만, 두 분께서 저를 위해 기도해 주시고, 여러 번 마음을 내주셨던 그 사랑이 시간이 흐를수록 얼마나 귀했는지를 이제야 깊이 깨닫습니다. 성탄절에 교수님 댁에서 함께했던 따뜻한 식사와 찬양, 즐겁게 웃으며 윷놀이를 하던 기억이 제 마음에 남아 있습니다. 그 안에서 교수님과 사모님께서 저희에게 전하고 싶으셨던 복음의 기쁨을 비록 그때는 아예 들으려 하지도 않았지만, 지금은 그 기쁨을 누리고 저도 누군가에게 전할 수 있게 됨을 감사드립니다.
하나님께서 두 분을 통해 저에게 복음을 들을 수 있는 마음을 준비시키셨습니다. 두 분의 끈질긴 사랑과 기도 덕분에 강퍅했던 마음이 옥토로 바뀌어 거의 10년 후에 결국 예수님을 저의 구주와 주님으로 영접하고 하나님의 자녀가 되었습니다.
오랜 세월 포기하지 않으시고 마음에 품어 주셨던 그 사랑에 정말 감사드립니다. 고집불통 완고했던 제가 구원의 기쁨을 누리게 된 것은 정말 놀라운 은혜입니다. 교수님과 사모님께 진심으로 감사드립니다.
저를 포기하지 않으시고, 끝까지 사랑으로 품어 주신 그 마음이 지금의 저를 있게 하였습니다. 이제는 저도 누군가에게 복음을 전하며, 두 분께서 제게 보여 주셨던 그 사랑을 이어가고 싶습니다.
교수님과 사모님 두 분의 헌신과 사랑을 늘 기억하며, 하나님께서 두 분의 삶과 사역 위에, 더 큰 은혜와 평강으로 함께하시기를 기도드립니다.

사랑과 감사의 마음을 담아,

제자 박군 드림